「老健《介護老人保健施設》」が、
親の認知症から
あなたを救う!

社会福祉士
NPO法人「二十四の瞳」理事長
山崎 宏

WAVE出版

編集協力　星野智恵子（冬芽工房）
装丁　加藤愛子（オフィスキントン）
ＤＴＰ　ＮＯＡＨ
校正　鷗来堂

はじめに

この本は、老親の介護問題で苦しんでいる人のために書きました。

◆この本を読んでほしい人

・親の介護から解放されたい人
・特養入所の順番待ちをしている人
・親の介護で心身が疲弊している人
・親の排泄介助で夜も眠れない人
・認知症の親を自宅でケアしている人
・親を入れる施設の費用を年金の範囲内で賄いたい人
・親が要介護1以上の認定を受けた人
・親を入れた施設等の費用負担がキツい人
・最近、親の言動が何か変だなと感じている人

・親のさいごをどうしたらいいか考えあぐねている人
・忙しくて親の介護問題に十分に対応できずにいる人
・遠方で暮らす親からＳＯＳが送られてきた人
・会社の介護休業制度の利用を検討している人

どれかひとつでも思い当たったら、この本がきっとお役に立つはずです。

内容をひとことで言えば、早ければ2週間以内、遅くともおおむね30日以内に、その悩みを解消するための具体的な方法論です。

ご自身もいろいろと忙しいにもかかわらず、出口の見えない介護の問題で身動きが取れなくなってしまったあげく、家族関係がおかしくなってしまったり、仕事を辞めて生活が立ち行かなくなってしまったり、最近よく目にするような悲惨な事件に至ってしまったり……。

そんな介護地獄の一歩手前で、折れそうになるこころを叱咤しながら必死に堪えている人たちをたくさん見てきました。

申し遅れました。

わたくし、人生100年時代の老い先案内人、社会福祉士（高齢者援助の国家資格）の山崎宏と申します。

10年ほど前に、NPO法人「二十四の瞳」（正式名称：市民のための医療と福祉の情報公開を推進する会）を立ち上げて、シニア世帯等を対象とする年中無休の会員制電話相談サービス『お困りごとホットライン（通称、コマホ）』を提供しています。

これまでに、のべ5千件の相談を受け、その延長線で約1千件の個別具体的な相談に対応してきました。

ここ数年は、かかってくる電話の8割以上が、老親を抱えた現役世代。年齢でいうと、50代の娘さんや息子さんからのものです。相談の内容は、やはり認知症がほとんどです。

要介護認定を受けたものの、予算に見合う施設が見つからないまま自宅で介護を続けている。配偶者に介護を任せていたものの、いよいよどうにもならなくなって仕事を辞めることを検討せざるを得なくなった。なかには、費用的に安くてすむ特養が空くのを待っている間、暫定的にサービス付き高齢者向け住宅に入れたものの、思っていた以上に出費がかさんで先行きが不安になってきたという人もいます。

今回、こういった身内の介護問題を抱えている人たちに、10年間の相談対応のなかで行き着いた、究極の問題解決策をお届けしたいと思います。

読んでみて、「よし、これだっ！」と思われたなら、ダマされたと思って、本書の手順どおりに行動してみてください。もしも、仕事が忙しくてご自分では動けないというのであれば、どうぞお気軽にご一報ください。そして、社会福祉士にお任せください。そうすることで、早ければ2週間、長くても30日あれば、過酷な日々から解放されることでしょう。

もちろん、ご自身の老後のリハーサルだと思って、みずからトライしてみるのもアリでしょう。スムーズにいけば、90日でおだやかな日々を取り戻すことができるはずです。

世界でもっとも長生きしなければならない国で、現代を生きる私たちに背負わされた最大のリスク。それが介護の問題です。そのなかでももっとも厄介な問題が、さまざまな問題行動を伴う認知症です。この解のない方程式に、おそらく誰も教えてはくれないであろう超・マル秘な解を、本書を手にしてくださったみなさんだけに、特別に開陳します。

つらい日々に耐えながら必死にがんばっていらっしゃるみなさんが、一日も早く介護地獄から脱出して、希望の年末年始を迎えられることを願い信じ、乾坤一擲《けんこんいってき》の想いを込めてお届けします。

目次　「老健」が、親の認知症からあなたを救う！

第3章

「老健がベスト」を検証する

第4章

介護地獄から脱出するための7つのステップ

第5章

現役世代へのメッセージ

第1章

介護地獄から脱出するための最強のシナリオ

特養（特別養護老人ホーム）待機者52万人！

のべ待機者数は300万人！

待機番号は、なんと500番？

待機期間は、なんと3年から5年？


あなたは本当に待てますか？

待ってる間、いつ終わるともわからない、過酷な介護に耐えられますか？

仕事や家庭に影響が出ないと言えますか？


3年とか5年とか待ってでも親を特養に入れたいと言うけれど、特養がそんなに価値のあるところだと思いますか？

実際に特養をご自身の目でご覧になりましたか？

実際に特養の職員とお話をされましたか？

もしかしたら、ただ単に経済的な理由だけで「特養しかない」と思い込んで、あちらこちらの特養に申し込んで、ひたすら順番待ちを続けているのではないですか？

いろいろな高齢者施設や高齢者住宅を視察したり、取材したり、覆面調査をしたりするなかで、私が行きついた結論。それは……。

特養が素晴らしいのは「安さ」だけ。

さいごの生活場所が特養？
私だったら自分の親を入れません。もちろん、私だって入りたくなんかありません。無理です。死んでもイヤです。

そして、思うのです。

「老健なら、安くて安心で快適なのになぁ～」

老健とは介護老人保健施設のことですが、なぜかみんな「老健は3ヵ月しか居られないから」と、麗しき誤解をして、選択肢から外してしまうのです。

だから、この本を書くことにしたのです。この本でご紹介するとおりに段階を踏めば、東京都内とか横浜市内とか、都市部であっても老健に入れます。そして、最後の最期までそこに居ることができます。本人はもちろん、家族だって大助かりです。

老親や配偶者の介護問題を解決する最強のシナリオとは、これです。

「もの忘れ外来→認知症病棟→老健」

現時点では、これがあなたをつらい日々から解放するための唯一の答えです。つまり、ご家族が認知症であったり、寝たきり状態であったり、独力での排泄が困難であったりしたら、「老健」というゴールを設定してまっすぐ突き進む。これしかありません。

ＮＰＯ法人「二十四の瞳」では、社会福祉士をはじめとする福祉や介護の専門職が、24時間３６５日体制でシニア世帯等からの電話相談（コマホ）に対応しています。活動開始から丸10年が経ちました。これまでに受けた相談件数は約６千件。ここ４

年は、いわゆる「終のすみか（さいごの生活場所）探し」に係るものが断トツの一位です。また、昨年からは、お子さん世代からの老親についての相談が目立って増えてきました。そのほとんどが認知症の問題です。

終のすみかや介護の問題で大変な思いをされている相談者のみなさんに対して、NPO法人「二十四の瞳」は、優先順位トップで「老健」を推奨しています。結果として、２０１６年３月末までに、老健への入所仲介実績は50人を超えました。昨年１年間だけでも10名以上を老健に入れるお手伝いをさせていただきました。そして、大変に納得をいただいています。

これまでに誰ひとりとして、ただ一度として、老健側から「３ヵ月経過したので出ていただきます」などと言われたことはありません。すでにお亡くなりになった方が４人いらっしゃいますが、その人たちはいずれも５年以上を老健で過ごされました。そう。「老健」はさいごの生活場所となり得るという、何よりの証明です。

世の中では、「さいごは特養だ」「でも特養の待機者は52万人だ」「待機期間は３年、いや5年はかかる」などとかまびすしいですが、こうした話題は、私からするとどうもピンと来ないのです。どうぞご自由に、という感じでした。

ですから、本書で介護地獄から脱出するための具体的な方法論をお教えすることについては、ちょっぴり悩みました。だって、日本じゅうに特養待望論が蔓延するなかで、こんな本を出して老健最強論を声高に叫んでしまったら、老健も今の特養みたいに行列ができてしまうでしょう？　本当はＮＰＯ法人「二十四の瞳」の会員のみなさんだけの超・マル秘情報として隠しておきたいという気持ちがあったわけです。

しかし、ちょっと気が変わりました。きっかけは、安倍政権が昨秋に打ち出した「介護離職ゼロ構想」です。これを受けて、多くの企業が「介護休業の取得奨励」「在宅勤務等の変則勤務の奨励」という施策を展開し始めました。

その影響でしょうか、ここへきて一気に、現役の第一線で活躍しているお子さん世代（50歳代）からの相談が増えたのです。そして、みなさん、こう訴えてくるのです。

「実の父母・義理の父母が認知症で困っている。このままでは家族がおかしくなりそうだ。自分は仕事を抱えているし、できれば介護休暇は取りたくない。特養は入れそうにないし、かと言って、月々30万円も払って老人ホームに入れる余裕もない。自身の老後のこともあるから、少しでもリーズナブルなところを探したいのだが……。どうすればいいですか？」

そういえば、ちょっと前の産経新聞の記事に、「ビジネスパーソンの10人にひとりが老親の介護問題を抱えている」というのがありました。それを裏づけるような相談者の悲痛な叫びが寄せられているわけです。おそらく、職場で相談するにも相談できず、ついついごまかしながらストレスを溜め込んでいる現役世代が想像以上に多いのでしょう。

何かのご縁でコンタクトしてきてくださった方たちです。社会福祉士としての性でしょうか、やはり、何とかして差し上げたい。ここで何とかしなければ、社会福祉士の名がすたる！　そんな思いがふつふつと湧いてきたのです。

ということで書くことにしたのがこの本なのです。

老親の介護問題でお悩みのみなさん、もう安心してください。これで問題解決です。あなたの親御さんを、特養とほぼ変わらぬ安さで、にもかかわらず、特養よりもずっと安心で快適で、もちろん最後の最期まで過ごせる生活場所に預けることができます。きっとお役に立てるはずです。

次の章からは、3つのことを簡潔に書いていきます。

・老健って、本当に、最後の最期まで居られるのか
・老健って、なぜそんなに最高なのか
・老健には、具体的に、どうすれば入れるのか

これらについて、すべて本音で、かつ、わかりやすくお伝えしていきます。きれいごとを言うつもりはサラサラありません。老親の介護問題を抱えてお困りの現役世代を救うための、きわめて実際的な話をぜんぶ書いちゃいます。知らなきゃ損する真実

を、余さず書いちゃいます。

運よく本書を手に取ったみなさんはラッキーです。もう、介護や終のすみか探しのことで、あれこれ悩まなくて済みますよ。もう、介護と仕事の両立なんていう、はなからできっこない非現実的なことに労力を費やすことはありません。介護離職なんてしなくていいですよ。介護休業とか変則勤務とか、安直に利用しちゃダメですよ！　戻る場所、なくなっちゃいますからね！　もしも特養の順番待ちをしていて空きが出るまでの間、月々二十何万円も払ってどこかの施設に老親を入れているとしたら、懐具合がこれでだいぶラクになりますよ。

さあ。即、アクションを起してください。この本のとおりにやってみてください。一気にこの本を読み倒して、はじめの一歩を踏み出してください。特養と同様、老健にだって数に限りがありますからね。やはり、早い者勝ちなのです。それを求める人たちが限られたパイを奪い合う……。それが資本主義社会の原則なのです。

本書を介して出会えたあなたと私です。これを手に取っていただいたのも何かのご縁です。巡りあえたことの意味をかみしめながら、あなたが抱えている問題をすみやかに解決できるよう努めます。

あなたを介護地獄から解放するための、
老親のさいごの生活場所を確保するための、
言わば『プロジェクトZ』のスタートです。

◆本書では、代表的な高齢者施設について、次のような略称を使用しています。

老　健……老人保健施設
特　養……特別養護老人ホーム
サ高住……サービス付き高齢者向け住宅
老　ホ……有料老人ホーム
グルホ……グループホーム

第2章

「老健は3カ月まで」の誤解を解く

あなただったらどれを選びますか？

まずは次の表を見てください。終のすみかと称される代表的な3つのモデル「特養」「サ高住」「老ホ」と老健を、いくつかの観点から比較したものです。
もしも仮に、老健に最後の最期まで居てもいいということになったとしたら……。さて、あなたはどれを選択しますか？

おそらく、大多数の方が「老健」を選ぶのではないでしょうか。

そうです。そうすべきです。俗に「中間施設（病院を退院した人が在宅復帰するためのリハビリを行う施設）」と称される老健ではありますが、そんなことはありません。老健で、最後の最期まで過ごすことができるのです。そのための具体的な方法を、これからお教えしていきます。

終のすみか 4 つの選択肢
あなただったらどれを選ぶ？

	特養	サ高住	老ホ	老健
入所（入居）対象者	● 要介護 3 以上 ● 低所得者世帯（国民年金のみ） ● 身寄りがない ● 住民票がある ● 長期の待機者	だれでも	だれでも	要介護 1 以上
費用 ＊月額自己負担	【非課税世帯】 6 万円～7 万円 【課税世帯】 7 万円～9 万円	【入居一時金】 0 円 【月額費用】 20 万円～25 万円	【入居一時金】 300 万円 【月額費用】 25 万円～30 万円	【非課税世帯】 7 万円～8 万円 【課税世帯】 12 万円～13 万円
安心度	【日中の医療体制】 医師 0、看護師 3 【夜間の医療体制】 医師 0、看護師 0	【日中の医療体制】 医師 0、看護師 0 【夜間の医療体制】 医師 0、看護師 0	【日中の医療体制】 医師 0、看護師 1 【夜間の医療体制】 医師 0、看護師 0	【日中の医療体制】 医師 1、看護師 10 【夜間の医療体制】 医師 0、看護師 3
快適性 ＊職員の質	×	×	×	△

老健は本当にさいごまで居られるのか

先だって、縁あってＮＨＫの番組に出演させていただきました。テーマは終のすみかの見極め方。取り上げたのは、現代における終のすみかの代表的な選択肢３つ。特養、サ高住、老ホです。それぞれのチェックポイントについて、初心者を想定してわかりやすく伝えるというものでした。

収録後、ＮＨＫのスタッフの方といろいろお話しする機会がありました。私は番組の中で、サコージュリアン（サ高住のスペシャリスト）として登場し、相手方の美辞麗句をかいくぐり、物件の本質を見抜くためのキラークエスチョンを紹介しています。それを受けて、こんなやりとりをしました。

「山崎さんだったら、ぶっちゃけ、自分の親をどこに入れますか？」

間髪いれずに、私はこう答えました。

「私なら、迷うことなく老健ですね」

一瞬の間があってから、会話が続きます。

「老健って……、老人保健施設のことですか？」

「ええ、そうです」

「今回の番組制作にあたっていろいろと情報収集したのですが、老健は終のすみかにはなり得ないんですよねぇ？」

「あ、そう認識されている方が多いのですが、老健はれっきとした終のすみかなのですよ」

「ええ〜っ！　そうなんですかぁ〜」

「はい。まちがいなく」

「そうですかぁ……。おかしいなぁ……」


天下のＮＨＫの職員でさえこんな具合です。でも、彼がそう言ったのも仕方ないかもしれません。一般的に、老健は病院を退院した後に入所する、在宅復帰のためのリハビリ施設として位置づけられています。自治体の職員や介護支援専門員（ケアマネジャー）であっても、「老健は、3ヵ月以上は居られませんよ」などという人たちがかなりいますからね。なかには、当の受け入れ側である老健の職員にまでそんなことを言われてしまって、「あっ、そういうものなのか」と納得してしまう人たちもいるくらいなのですから。

しかし、実際はちがいます。現に、老健に入所した人のうち約4割は、そこで最期を迎えています。もっとも、いよいよ最期となったときに、老健と同系列の病院に転送されるといったケースも含めての話ですが。

私どもにコンタクトしてこられた相談者でも、これまでに50人以上の方に老健に入所していただきました。というのも、私としては、老健こそがもっとも安全で安価なさいごの生活場所だと考えているからなのです。なので、相談者には積極的に老健をお奨めしているのです。

でも、ただの一度も「3ヵ月経つから出て行ってください」なんて言われたことはありません。長いほうだと、入所してからすでに36ヵ月を超えている方が10名以上いらっしゃいます。

それにしても、です。

「老健は３ヵ月しか居られない」という世間の誤った認識は、いったいどこからでてくるのでしょうか。私どもに寄せられる相談にも、老人保健施設のケアマネジャーや事務系職員から「３ヵ月が限度」とか、「そろそろ退所について考えてほしい」とか言われて困っている……というものが多々あります。

もしも老健側が、ただ単に「３ヵ月」を理由に退所勧告をしてきたとしたら、介護

「老健は３ヵ月」の誤解

「老健は、３ヵ月で入所者を退所させなければならない」

などというルールはどこにもなく

「老健は３ヵ月ごとにひとりひとりの入所者の回復度合いについて評価し、入退所を判定するための会議を開催しなければならない」

▼

つまり

認知症のように現代医学では治癒できない疾病をもった入所者は、退所を求められる心配はない。

そもそも

老健には２つの大きな役割がある。

ひとつは、
「在宅復帰に向けたリハビリ」
もうひとつは、
「看取り」なのである！

保険制度の施行とともに開設された、苦情解決機関（都道府県の国民健康保険団体連合会）に相談してください。もちろん、私どもでも構いません。きちんと老健側と折衝させていただきます。

そもそも、「老健は3ヵ月で出なければいけない」という決まりなんぞはどこにもありません。まちがいないです。このことを正しく理解していないケアマネジャーや相談員も少なからずいるから、つくづく困ってしまいます。まあ、だからこそ、この本の価値が高まるというわけなんですけどね（苦笑）。

たしかに、介護保険制度が始まる前は、老健の入所期間が3ヵ月を経過すると、「逓減制」といって、老健に入ってくる毎月の収益がどんどん減っていくようなしくみになっていました。だから、「3ヵ月以内に、次の行き先を探していただかないと困りますからね」と、バシッと言われることも多かった。しかし、介護保険制度開始と同時に、この縛りは完全になくなりました。

おそらく、介護保険制度上、老健が在宅復帰を目指して支援する施設だと位置づけられていることが「老健は3ヵ月」説がまかり通っている原因だと思います。

しかし、実際問題として、リハビリが成功し、健康を取り戻して自宅へ帰れるケースというのは、ごくごく少数派です。実態としては、「特養入所までの繋ぎ」としての位置づけになっており、老健を「第二特養」と呼んでいる人もいるくらいです。

私に言わせればこうなります。

『低所得者（国民年金のみ受給者）が特養ならば、老健は平均収入世帯（厚生年金受給者）のための特養だ』

このキャッチコピーが意図するところは、それくらい「老健が（特養なみに）安い」ということです。

とはいっても、老健のなかには、「3ヵ月で退所」を経営上のミッションとして掲げ、入所者を少しでも早く自宅に復帰させて、ベッドの回転率を高めようとしているところもあることは事実です。そうすることで経営的に売上が上がるように、厚労省が決めているからです。

しかし、一方で、入所者をさいごまでしっかりとお預かりして、看取りまできちんと対応した老健に対しても、厚労省はちゃんと売上が上がるようなルールを作っています。

このルールを介護報酬規程と言うのですが、これを詳しく見ていけば、老健には、入所者の在宅復帰にも看取りにも対応することが求められていることがわかります。


簡単に言えば、こういうことです。


リハビリを一生懸命やった老健は、入所者一人一日当たりの売上が、通常の9千円から1万5千円くらいにアップします。

看取りをしっかりとやった老健は、入所者ひとりを看取るごとに9万円くらい売上がアップします。

ですが、実際に老健を経営する側に話を聴くと、リハビリを強化して売上を上げようとすると、これがけっこうキツいのだそうです。左の表に記載されているすべての

介護報酬でわかる老健に求められる役割

［老健の介護報酬体系（厚労省）より抜粋］

★在宅復帰支援機能加算　＊リハビリのこと

・在宅復帰率が 30% 超であること
・退所後 30 日以内（要介護 4・5 の場合は 14 日以内）に居宅を訪問し、又は指定居宅介護支援事業者から情報提供を受けることにより、当該退所者の居宅における生活が 1 月以上継続する見込みであることを確認し、記録していること
・ベッド回転率が 5% 以上であること
・平均滞在日数が 270 日以内であること

上記をすべて満たすことで、入所者ひとりあたり、一日 210 円（月額 6 千円程度）を売上に加算計上できる。

★ターミナルケア加算　＊看取りのこと

・一般に認められている医学的知見に基づき回復の見込みがないと診断された入所者について、本人又はその家族等の同意を得て、入所者のターミナルケアに係る計画を作成し、医師、看護師、介護職員等が共同して、随時、本人又はその家族への説明を行い、同意を得てターミナルケアが行われていること

これを満たした場合、以下を売上に加算計上できる。
・死亡日以前 4 日以上 30 日以下については、1,600 円 / 日
・死亡日前日及び前々日については、8,200 円 / 日
・死亡日当日については、16,500 円 / 日

条件をクリアするのは、かなりハードルが高い。たとえば、入所者が退所した後まで、現場職員が退所した人の自宅を個別訪問して、そこに退所後の介護サービスを提供している事業者のケアマネジャーを呼んでいろいろと情報収集しなければなりません。これがかなりの負担となっていて、はっきり言って、面倒くさいわけです。リハビリの専門スタッフも多数そろえる必要がありますから、人件費だって嵩みます。入所者全体の平均滞在日数も270日より短くしなければなりません。全国の老健の平均滞在日数が優に300日を超えているにもかかわらず、です。

こうしたことから、全国に約4千ある老健のうち、3千超の老健では、この在宅復帰支援加算をあきらめているのが実態です。つまり、8割の老健は、短期間で在宅復帰してもらおうとは考えていないということです。いったん入所してくれた人には、いつまで居てもらってもいいですよ、ということなのです。いや、もっと言ってしまえば、さいごまで居てもらったほうがありがたい……。そういうことだって考えられるのです。

経営的観点からもっとはっきり言ってしまえば、介護保険以降、老健には、一般病院の診療報酬逓減制（入院期間が長くなるにつれ、診療報酬が減額されていく）が適用されなくなったため、入所したら入れっぱなしにしておいたほうが、事務量も増えず、退所による空床も減るので経営的には安定するのです。

これが、ひとたび老健に入ってしまえば、滅多なことがない限り、「出てください」などと言われるリスクはありっこない最大の理由です。

実際問題として、入所者は病気の百貨店と称される高齢者です。３ヵ月では介護状態からの回復が望めない場合、回復したとしてもその後の自宅での介護療養がむずかしい場合、特養やグループホーム（以下、グルホ）への入所待ち等々により、３ヵ月を超えて長期に入所せざるを得ない人が多々いたとしても何ら不思議ではありません。そうしたさまざまな事情がある人たちを無理やり退所させることなど、できようはずもないのです。

ただ、運悪く、先述した「在宅復帰、命！」みたいな老健に当たってしまった場合には、入所時に「入所期間は３ヵ月」と言われていたとすると、３ヵ月後には別の入所予定者が決まっている可能性があります。だから本当に退所しなければならない……といったことも、理屈としては起こり得るかもしれません。

しかし、です。それでも、「大丈夫。老健を追い出されることはまずありません」と、声を大にして言っておきます。というのも、介護保険法で、老健側が入所者に対して退所勧告をする場合、「退所判定会議を開催し、施設入所の継続が妥当か、退所して在宅生活（あるいは在宅介護）が可能かどうかについて、医師以下の専門職で協議したうえで、退所が必要な場合には入所者の家族にその旨を説明し、理解を求めること」（介護保険法における介護老人保健施設の人員、施設及び設備並びに運営に関する基準第8条）が明確に規定されているからです。

これがいわゆるアカウンタビリティ（説明責任）というもので、老健側から、納得のいく説明やきちんとした説明がない場合には、利用者サイドとしては、老健の指導監督責任者である都道府県の介護保険担当課に相談して、説明責任を果たすように指導してもらえばいいだけのことです。

ありがたいことに、介護保険制度においては、「介護サービスはあくまでも利用者本位」という麗しいコンセプトが貫かれているので、老健側のケアマネジャーには入所者家族の納得がいく説明を尽くす義務があり、その納得が得られない場合に退所を強制することはできないことになっています。

したがって、たとえば、現代医学では治癒の見込みがない認知症等の場合、せっかく入所した老健を追い出されるなどという心配は杞憂だということになります。私どもに相談を寄せてこられる現役世代がもっとも頭を痛めているのが、やはり老親の認知症のことです。ですから、そういう方にこそ老健はおすすめの施設ということになります。

でも、それでもどうしても埒《らち》が明かないときは、ちゅうちょせず、私どもにご一報ください。先方と折衝させていただくことも可能ですし、すぐに別の老健をご紹介させていただくことも可能ですので。

論より証拠
その1　老健の看取りガイドライン

さて、全国老人保健施設協会（以下、全老健）の公表データによれば、全国に４千件超ある老健のうちの半分が、平均して年間５人の看取りを行っています。全老健では、今後ますますその傾向が高まることを想定して、２０１２年に『介護老人保健施設における看取りのガイドライン』を作成しました。

そのなかで、入所者の終末期に対応するための体制づくりの指針を明確に示しています。これを読めば、老健を終のすみかのひとつとして位置づけることに、なんの違和感もなくなるはずです。全国４千の老健を束ねている全老健が、みずから「質の高い看取りとはどうあるべきか」について提示しているわけですからね。

ちょっとご紹介しておきましょう。公益社団法人全国老人保健施設協会の学術委員会が作成した『介護老人保健施設における看取りのガイドライン』をそのまま掲載します。

ただし、ちょっと長いです。ここまで読んでいただいて、「老健を３ヵ月で追い出される心配はないってぇことは、もうわかったよ」とおっしゃる方は飛ばしていただいてけっこうです。

◆介護老人保健施設における看取りのガイドライン

人は年齢と共に徐々に心身機能の低下や衰弱をきたし、在宅生活を継続していても終末期を迎えることとなり、その際に在宅における死、あるいは、在宅支援の一環として入退所を繰り返してきたなじみの介護老人保健施設で看取りが行われている。また、長期入所を余儀なくされる利用者も入所の経過中に終末期の状態に陥り、入所中の介護老人保健施設で最期を迎えることも増えてきている。社会的にも、死を迎える選択肢の場所として医療機関以外の在宅や介護施設等が徐々に選ばれつつある状況である。

このような状況を踏まえ、看取りに対する施設の考え方や方針を明確に提示することが必要となっている。介護老人保健施設において尊厳ある質の高い看取りを行うことを目指し、かつ各介護老人保健施設における看取りの実施や指針作成を支援するために本ガイドラインを作成した。

1．基本精神

人生の終末を迎える際、人は終末期を過ごす場所及び行われる医療等について自由に選択できる環境が必要である。介護老人保健施設では、終末期にある利用者に対し、利用者本人（以下、本人）の意思と権利を最大限に尊重し、本人の尊厳を保つと共に、安らかな死を迎えるための終末期にふさわしい最善の医療、看護、介護、リハビリテーション等を行う。なお、これらの一連の過程を本ガイドラインでは「看取り」と定義するものとする。

2．終末期の考え方

多職種、家族等のチーム医療・ケアとの連携による医師の診断に基づいて、心身機能の障害や衰弱が著明で明らかに回復不能な状態であり、かつ近い将来確実に死に至ることが差し迫っている状態が、終末期と考えられる。しかし、終末期は、個々の病態において様々であり、本ガイドラインでは終末期の定義を定めるものではない。なお、終末期の医学的判断等にあたっては、当該施設管理医師の診断に加え、終末期医療の経験豊かな他の医師の診断を伴うことがより望ましい。

3．本人の意思確認

終末期においては特に看取りの場所（在宅、介護施設、医療機関等）の選択、終末期に際して行われる医療行為及び看取りのための看護、介護、リハビリテーション等の内容について本人の意思が最大限に尊重されなければならない。

これらに関する説明は、当該施設の利用開始時又は心身機能に著しい障害をきたした際等に、本人に対して施設管理医師が十分に行うものとし、本人の意思は、文書等で明確に示される必要がある。

4．本人以外の意思確認

本人の意思確認ができない場合には、当該施設管理者直轄に設置された「終末期ケア委員会」（※「終末期ケア委員会」の設置および業務については8、9にて後述）において、家族等の推定する本人の意思を尊重し、本人にとって最善の看取りを行うことを基本とする。なお、家族等とは、本人が信頼を寄せており、本人の終末期を支える存在であり、単に、法的な意味での親族関係のみに限定するものではない。

家族等が本人の意思を推定できない場合には、「終末期ケア委員会」において家族等と十分に話し合い合意を形成した後、本人にとって最善の看取りを行うことを基本とする。

家族等がいない場合及び家族等が判断を「終末期ケア委員会」に委ねる場合には、終末期ケア委員会は、看取りの妥当性、適切性等を慎重に判断して、本人にとって最善の看取りを行うことを基本とする。家族等が看取り委員会に判断を委ねる場合にも、その決定内容を説明し十分に理解を得る必要がある。

5. 説明と同意

施設管理医師が、本人、家族等に対して、看護職員、介護職員、支援相談員、リハビリテーション専門職員等の多専門職種同席のもと、終末期ケアの内容について説明を行う。本人、家族等への説明責任、看取りに関する行為の全責任は、施設管理医師にある。最終的な意思の表示は、文書に記録し、文書は、本人、家族等に保管してもらうとともに、当該施設においては診療録と共に保存する。なお、身体状況や本人、家族等の心情の変化に応じるため、随時説明を行い、本人の同意を得ることを原則とする。

6. 看取りにおける医療

施設管理医師は、当該施設において看取りの際の提供可能な医療行為を明示し、本人、家族等へ説明しなければならない。具体的に、提供可能な医療行為とは、酸素吸入、輸液（末梢静脈よりの点滴等）、喀痰吸引、その他必要な医療行為が考えられ、これらをわかりやすく説明し、理解を得ることが必要となる。なお、終末期の医療は緩和医療を基本とする。

7．看取りの体制

施設管理医師は主として終末期医療を担当し、さらに、休日、夜間等のオンコール体制や協力医療機関等との連携といった医療体制あるいは３６５日24時間の看護職員配置等の看護体制等について本人、家族等に説明する。

当該施設管理者直轄の「終末期ケア委員会」を設置し、本人の意思と権利を守り、尊厳の保持に配慮した看取りを行う。

また、「終末期ケア委員会」の役割として、家族等への援助（看取りのあり方、宿泊設備の有無等）や尊厳ある看取りを行うための療養環境（専用個室の有無、愛着ある物の持ち込み等）についての十分な説明、支援を本人、家族等に対して行うものとする。なお、自宅での看取りや医療機関への転院等の希望がある場合には、地域の医療機関や居宅サービス事業所との連携等の援助方法を説明し、支援する。

8．「終末期ケア委員会」の設置

看取りを行う介護老人保健施設においては、施設管理医師、看護職員、介護職員、支援相談員、介護支援専門員等を含む施設管理者により任命された多専門職種によって構成される当該施設管理者直轄の「終末期ケア委員会」を設置しなければならない。なお、当該施設と利害関係のない外部の有識者が委員に加わることも推奨されるが、その際には、個人情報の適切な取扱いに留意する。

当委員会には、本人の意思や権利を最大限に遵守する義務があり、尊厳の保持に配慮した看取りが組織的に行われることを目的とする。

9.「終末期ケア委員会」の業務

当委員会は、本人、家族等の相談支援を含めた総合的な役割を担うものとし、具体的には以下の業務を行うものとする。

①本人の意思又は家族等により推定される本人の意思を確認する。なお、看取りの実施の経過中、本人の意思又は家族等により推定される本人の意思に変化が生じうることに十分配慮し、意思の確認を随時行うものとする。

②施設管理医師による看取りの説明の際には、当委員会の他の委員は、説明内容の確認及び説明記録の作成を行う。

③看取りに際して行う医療等についての同意文書を診療録と共に保存する。

④家族等への看取りに関する相談、支援を随時行う。

⑤本人の意思又は家族等により推定される本人の意思に基づいて「終末期ケア計画」を立てる。

⑥終末期ケア計画では、看取りに必要な各職種の業務の分担及び連携、協力方法を明記する。
⑦終末期ケア計画に基づき、看取りを実施、管理する他、危篤時の連絡、家族等の支援、死亡時の援助、死亡診断書・死亡届の説明、埋葬に関する支援、遺品の引渡し等を行う。
⑧看取りの実施にあたる職員に対して、終末期ケア計画の詳細、その他必要事項を説明し情報の共有化をはかると共に、指導、助言を行い、看取りの実施が適切に行われるよう管理する。

10．看取りにおける看護・介護及び療養環境

「終末期ケア委員会」の役割として、看取りを行うにあたり、提供可能な看護、介護、療養環境について、本人、家族等へ説明しなければならない。その際、本人及び家族等への精神的な援助、看取りを行う療養環境の整備、本人と家族等や他の利用者との関係性等を重視した対応を行うなど誠意ある真心こもった看取りの実施が大切である。以下に、具体的な項目を示す。

①本人・家族等に対する援助
・食事、入浴、排泄等の日常生活の支援
・身体及び衣服、身の回りの清潔保持
・体位変換、マッサージ等の身体援助
・精神的、心理的援助

・家族等と共に看取りが行われる為の支援
・頻回な訪室等のきめ細やかな日常生活の支援
②環境の整備
・個室の用意
・付き添いのための配慮
・愛着ある物や写真の持ち込みや親しみある音楽等への配慮
③死後の処置と各種手続きの相談及び援助
・死後の処置に対する家族等の希望の受け入れ
・残された家族等の心理的苦痛に対する精神的支援

11．職員教育

当該施設においては、本人の立場に立った尊厳ある看取りの理念、方針、目的を理解するための研修、ミーティング等を適宜開催し、看取りが適切に行われるよう職員教育を実施する。

なお、施設職員においては、必ずしも利用者の死に係わった経験が豊富である者ばかりではないため、施設職員に対して、人の死に対する重みや、死を目の当たりにすることによる喪失感等への精神的なサポートにも配慮されることが望ましい。

12.「看取りに関する指針」の整備

当該施設においては、各施設の実情に応じた「看取りに関する指針」を整備しなければならない。同指針には、当該施設の看取りに関する考え方、終末期の経過に対する考え方をはじめとして、本ガイドラインに示した内容が網羅されることが望ましい。

（出典：公益社団法人全国老人保健施設協会『介護老人保健施設における看取りのガイドライン』平成24年3月）

いかがでしたか？　老健は、もうまちがいなく看取りの場、終のすみかとしての機能を果たそうとしていることがおわかりいただけたのではないでしょうか。

老健でこそ実現できる安らかな最期

老健には、医師も看護師も常駐しています。看護師については休日や夜間でも居てくれます。系列病院が隣接していることがほとんどです。だから、もしも緊急対応が必要になったときに、入所者ご本人はもとより、遠方にいるご家族にとっても実に安心です。老健以外の施設では、こうはいきません。しっかりとした医療サポート体制がまったく整っていない老ホやサ高住と比べたら、雲泥の差です。あなたはどちらを選びますか？　という話なのですよね。

老健というと、ほんの10年前くらいまでは、終末期にある入所者の容態が変化すると、すぐに系列グループの病院等へ搬送されるイメージがありました。で、あれやこれやと本人も家族も望まない延命措置がなされてしまい、胃ろうや気管挿管のチューブがスパゲッティ症候群と揶揄されたものでした。これによって最期の瞬間を迎えるまで長く苦しむことになってしまっていると認識した全老健では、２００４年くらいから、確実に終末期の入所者に対するスタンスが変わってきています。

つまり、必要最小限の医療行為にとどめ、自然な環境の中で、ご家族やなじみのある職員に見守られながら穏やかに旅立っていただこうということです。

「病院ではキュアはできてもケアはできない」という事実から目を背けることなく、ならば老健でＱＯＬ（生活の質）に配慮したケアをしようではないかと精力的に取り組んでいることが窺えます。

それが、極力ゆっくりとお話を聴いてあげたり、居室の壁や枕元にご家族の写真を添えてあげたり、さまざまな音楽を流してあげたり、四季折々のレクリエーションを開催したり、近隣の保育園・幼稚園や小学校の児童との交流を図ったり……。そんなところに現れていると感じます。なにかしらの変化や刺激を積極的に取り入れようとしている姿勢は、老健がこの10年間で大きく変わったところです。これすなわち、縁あって入所いただいたご本人やご家族が望むのであれば、最期のお見送りまでしてさしあげたいという意思の表れだと思っています。

論より証拠
その2　老健で最期を看取られたご遺族の声

一方、老健で最期まで過ごされた方のご家族たちは、一様に納得と満足を感じていらっしゃいます。厚労省が平成25年に行った老健に関する調査によれば、６４３名の回答者のうち、９割のご遺族が悔いのない最期を迎えることができたと回答しています。そのうち、８割近い４９９名もの方々が自由コメントを寄せています。なかには、読んでいて目頭が熱くなるものも多々あります。その一部をご紹介しましょう。

◆老健で家族を看取ったご遺族の声

・母の最期について、家族全員の意思を確認するため、施設長以下、担当スタッフのみなさんが納得いくまで説明してくれました。それも2度も。さいごまで心を込めて看取ってくださったことに深く感謝しています。母は個室でしたが家族の仮眠の準備もしてくださり、お陰様で臨終に立ち会えました。

・医師及び職員のみなさんが、本人や家族に対して温かい声かけをしてくれて、人間の尊厳を大切にしてもらいました。家族とゆったりとしたさいごの時間を過ごすのに良い環境であったと感謝しています。

・入所して看取りの話をする前、担当者（5人～7人）会議をしていただきました。これからの介護の方針について説明をもらい、また、私たちの要望を聞いていただきました。故人は家族に負担をかけたくないといつも言っていましたので、故人、家族共に悔いのない最期だったと思っています。これから歳を取っていく私共もこの様な施設があると安心して生活できると思います。ありがとうございました。

・関連病院から老健へと移らせていただき、職員の方々の手厚い介護により、私と母は常に心おだやかに祖母に接する事が出来ました。人工呼吸器を装着し点滴で身内の来院まで生命を伸ばす行為ではなく、自然に息を引きとった祖母はとても安らかで、「天に召される」という言葉にふさわしい状態でした。母も私も、施設の医師、職員の方々に大変感謝しております。自分自身も、祖母の様に、自然な形で看取られる事を望んでおります。

・母も100歳を迎え、何よりも、最期は苦しまずに静かにおだやかに、と思っていました。子どもたち全員に見守られて、その通りの最期を迎えることができました。とてもきれいな可愛い顔で眠っているようでした。思わず〝ありがとう〟と言っていました。

・父が病院で苦しみながら最後を過ごす姿を見ていたので、母には穏やかに逝ってほしいと思っていました。老健にお世話になったことで、母は安らかに旅立てたのではないかと思っています。

・82歳で自立歩行ができなくなり、老健に入れていただいた。看護師、介護士、そして毎日の家族の訪問により支えられ、痛み、苦しみ、不満をほとんど訴えることなく、穏やかに過ごすことができた。

・100歳、老衰で入所。10年間もお世話になりました。遠距離の為にいつでも会いに行くことが出来なかったが、電話で状態の報告を頂き、いろいろと連絡もあり、本当に最後の最後まで良くして頂き感謝しています。

・老健の方がみなとても親切で、毎日の介護もとても良かったです。状況についても、ていねいに説明していただきました。故人は余計な医療行為もなく苦痛な状態も全くなく、きわめて静かに、ローソクの火が消える様な穏やかな最後を閉じてくれた事、安心しました。

・施設の職員の方々の母に対する介護、施設長さん（医師）のお人柄。家族では到底できない程、きめこまやかな対応をしていただきました。子、孫、全員が臨終に立ち合うことができました。本当に、お医者様、看護師、介護士さんの心温かい看取りをしていただいたことに感謝でいっぱいです。

・父は97歳という高齢でしたが、苦しむこともなく、人生の終わりで皆様に優しくしていただき幸せいっぱいでした。老健施設の医師の先生、看護部長、看護師、介護士様、最高の施設だと思いました。

・施設の方々の心を込めた言動、葬儀場へ向かう際の玄関での全員によるお見送り等、本当に良くして頂きました。本当に心より感謝でいっぱいです。ありがとうございました。

・容態悪化から看取りに至るまでの18時間、本当にきめの細かい対応をして頂きました。感謝の気持ちで一杯です。

・満１００歳になる高齢のため（脳出血に伴い20年間の療養のため）本人が苦しまず、早い連絡をもらったので家族全員で最後まで一緒に居られ、看取りができて良かった。本人も幸せだったと思う。

・本当なら自宅で最期を迎えさせてやりたかったが、施設の方々と十分に事前に、あるいは入所中一貫して、大切に扱っていただいたし、我々も自分たちの時間、余裕が持てた分、母にやさしく接することができた。看取りの制度については、感謝の気持ちしか残っていない。

・老健から適切な時期に連絡をいただき、臨終に間に合うことが出来た。医師から数日後に亡くなる可能性が高いとの説明で、今のうちに会わせたい人がいたら会わせるよう話があり、ほとんどの家族に会わせた後、その通り亡くなりました。身内として納得のいく最期で、悔いのない看取りが出来ました。

・102歳という大往生だったので、臨終の時は一晩一緒に過ごし看取ることが出来た。子供も高齢になり病をかかえる様になり、施設でお世話になり大変感謝しています。施設での看取りがあるという事を知らない家族も多いと思うので（もちろん病院で最後までという家族もいらっしゃるが）何気なく気づかせてあげるのも大切だと思います。

・故人の病気（アルツハイマー）を理由に、頼りとする他の医療機関で診察及び入院治療の拒否を受けて、故人がとてもかわいそうな状態でしたが、施設の皆様の手厚い看護にて安らかに永眠できました。

・本人にも告知していたし、家で世話するにも限界がありました。老健に入れたおかげで、さいごの30日間、穏やかな顔の母を見ることができ、老健の職員さまに感謝の気持ちでいっぱいです。

・状態が悪くなってからも、声をかけると判っているような素振りもみられ、最期も面会時間を少し早めたことで看取ることができました。静かに眠りに入るような最期でした。

・個室に移った後、お別れの時間が十分にありました。今迄の色々な苦労話など沢山語り掛けました。様子（目線）を見守りながら、〝ありがとう〟が言えました。

・体調の推移を細かく報告してくださり、その状況も目のあたりにさせていただいたこと、何よりも本人が穏やかに日々を過ごしている様を見られたことで、さいごを受けとめることができました。長い入所生活の中で床ずれ一つありません。施設の皆様には本当に大事にして頂いて家族は救われました。

・危篤状態にあった母の状況を常に把握され、介護士、看護師の方々がやるべき仕事をちゃんと分担され、常に施設長に報告されているようでした。苦しい時、母に声かけをたくさんの人からしてもらい、きっと母は嬉しかった事と思います。

・家より老健のほうが本人は楽だったと思う。介護職の方が声かけや体位変換などこまめにしてくれて感謝しています。自分たち家族では、あそこまでできないと思いました。

・家族側から遠慮なく意見が言え、又、充分な説明もしていただけたのがよかったです。ゆるやかな坂を下るような最期でした。最後の一息までも看護師と共に見守ることができました。

・第一に故人本人が希望して、施設で最期を迎えたいと言い、看護の方々、介護の方々、相談員の方々が親身になってくれた事、本人の食べたい物等食べさせてもらった事、最もありがたかったのは、病院等にたらいまわしにされず、好きな職員の皆様に優しくしてもらった事を感謝しています。

・義母は１０４歳で亡くなりました。１００歳になって市の方から老人ホームにと言われて色々な施設を見ましたが、義母はとても寂しがりやで、個室に入れるととても落ち着かなくケアマネさんに相談し、もうどこにも移らなくても良いと伝えると安心して、認知症にもならず１０４歳まで生きました。

・3年余の長き間、預けさせてくれたこの施設に対し深く感謝しております。小生も71歳ですので、将来はお世話になろうと思っています。小生から見たこちらの老健は１００点満点の施設です。

・最後まで医師、看護師、介護職のきめ細かな父への扱いと父の安心しきった心具合を10日間みて、家族みんなが安らかに見送ることができた。又、父にお礼も言えたし安心して他界してよい旨も伝えられた。父からも最後の言葉もきけた。息をひきとった時、ああ無事に逝けたんだなあと思えた。

・施設にお預けした時から死に目に会えないと心に決めました。でも朝４時に電話があり、すぐ行くとまだ温かかったです。２時間おきに寝返りをしていただいていた事が良く分かりました。

・99歳まで家で介護しており、私の体力も限界に達したので老健に入れていただきました。10ヵ月ぐらいで他界しました。

・体調の悪い母（故人の妹）も同席できましたし、施設の方々もこれ以上無いという位良く看ていただき、身寄りのない故人でしたが、家や病院で一人で亡くなるより格段幸せだったと思います。急変して４時間くらいで亡くなりましたが、苦しむ事もなく、眠る様に永眠しました。幸せな最後だと思いました。

・亡くなった直後はもっと手段があったかもと考えましたが、完治する病気ではなかったので、今では最善だったと思うことができています。余命宣告から3ヵ月、ほぼ毎日、日中付き添うことができました。お世話になった施設では少しでも父が喜ぶようにとスタッフの方々が心を尽くしてくださりました。私たち家族に対しても同様でした。あの3ヵ月があったから、今心穏やかに過ごすことができているのだと思います。看取りとは入所者のみならず、その家族に対しても配慮されるものだと感じ、心より感謝しております。

・遠方に住んでおり、3ヵ月に一度位しか施設に行けませんでした。何かがあると、TELに事細かく知らせて下さり、施設長が医師なので本当に助かりました。支援相談の方も東京まで良く電話下さり職員の全員の方々の暖かい心遣い礼儀正しい方々で仕事の熱心さ、医療と介護の連携の素晴らしさに感動しています。亡くなった時も手際よく親切で、皆様に大変お世話になり、94歳と長命で、いつも皆様によくして頂き「ありがとう」を繰り返していました。施設長も毎朝おはようと見守りにまわっていらっしゃり母も心より感謝しておりました。私どもも離れていましたが、安心して施設に預けられ本当に助かり、東京にもこんなに良くしてくださる施設があるのかしらと思っております。病院も隣にあり、この老健にて本当に私共三姉弟妹心より感謝しておりますので悔いなんか一つもありませんでした。こんなにすばらしい施設が沢山出来ればと、ひそかに思います。改めて幸せに暮らしていました母も老健施設に感謝して天国にのぼりました。ありがとうございました。私も高齢のひとりです。こういうところにお世話になりたいと自分の看取りも考えさせられました。

・医師からもう長くないと説明されてから、家族が毎日病院に会いに行きましたが、スタッフの皆様が温かく受け入れてくださり、家族が一緒に介護できたこと。又最後の日までフロアでほかの利用者さんと一緒に（ベッドに寝た状態でしたが）いつもと変わらない生活ができたこと、最後の一夜は家族みんなで（母や子供や孫たちも来て）看取る事が出来たこと。本当に良かったです。

・自然に近いかたちでの看取りで、また介護は十分すぎるほどかけていただき、大変感謝しています。

・母は95歳で亡くなるまで意識は正常でした。８年前からパーキンソン病を患い寝返りもできなくなり、また嚥下障害が進行して、流動食も薬も十分に飲み込めなくなってきました。亡くなる前日の正月元旦には自宅に外出し、お汁粉の汁だけを美味しそうに１５０ミリリットルも自ら椀を傾けて飲み干しました。「ありがとうね」と家族に感謝の言葉を残して、老健に戻りました。老健いこいの職員の皆さんには本当に良くしていただき、母も私も感謝しております。

・意識がなくなってから一週間、毎日長い時間、母の顔を見てすごしました。さよならをするために心の準備ができたと思います。故人が痛まず終末を迎えられたことが何よりでした。

・臨終に際しての苦痛がほとんど感じられなかった。自分たちだけでは、できなかった事をいっぱいして頂けてよかったです。安らかに眠るように逝ったので、本人も辛くなかったと思います。

（出典：平成25年度「厚労省老人保健健康事業推進費等補助金　老人保健健康増進等事業」介護老人保健施設の管理医師の有効活用による　医療と介護の連携の促進に関する調査研究事業報告書より）

いかがですか？　とっても臨場感のあるコメントばかりで、胸が熱くなりますよね。

これらご遺族の声が、老健がさいごまで安らかに穏やかに過ごせる場所であるということの証拠です。ほんの一部を抜粋しただけですが、老健が最後の最期まで居ていい場所なのだとご理解いただけたと思います。あなたの大切な親御さんのさいごの生活場所として、老健がグッと身近なものとして感じられたのではないでしょうか。

あと、老親を老健に託す家族の立場として、ひとつ触れておきたいことがあります。老健というのは、社会福祉法人が経営する特養とちがって、医療法人が経営していま す。だから、ほぼまちがいなく、老健と隣接して病医院があるわけです。よって、老健で最後の最期の瞬間を迎えることが困難な場合には、同じ医療法人グループの病医院に運ばれて、そこで看取られる確率が高いのです。

介護保険制度が始まって、老健は法制度上、医療施設のくくりから介護施設のくくりに変わりました。しかし、現場のオペレーションの実態が医療施設であることは変わりようがありません。

ご家族の立場からすると、これも老健を気に入られるひとつの要素になっています。他にも、自分の親を「特養に入れた」と言うのは気が引けるけれど、老健であれば「入院させています」と言うことができる。それも精神的な負担を軽減させてくれる……なんていう話もけっこう耳にします。

看取りはまちがいなく老健の基本機能

昨秋、とある講演会で、厚労省老健局の方が、「今後、老健には、積極的にターミナルケアをすすめてほしい」と話していました。「在宅復帰支援」と「看取りの強化」は相反する機能ではないというのが講演の主旨でした。

老健には医師が常駐はしていますが、その役割は日常的な見守り医療です。いつ状況に変化が起こるかもしれない急性期的な医療への対応はできません。それでも、緩和ケアのための点滴や鎮痛剤などは必要です。これは完全に老健側の持ち出しだし、看取りのために別途個室料を徴収することもできません。

看取りについては、施設経営の観点から言えば、決してコストパフォーマンスのいいものではない。それなりのリスクも伴うし、職員の負担もかなりのものです。それを踏まえてもなお、老健が看取りに対応するのは、これからの時代のニーズだからなのです。

厚労省の課長は、例として、在宅療養中の要介護高齢者が老健の通所サービスやショートステイを利用しているケースをあげていました。その人が衰弱し、いよいよターミナルケアが必要となったとき、近所の開業医だけではなかなか対応しきれないといったことだってあるでしょう。そんなときに、なじみのある老健がその方を引き受け、最期までおあずかりし、看取った後は、自宅へ帰す……。これも立派な在宅復帰・在宅支援ではないだろうか。そんな話だったと思います。

他の病医院から、看取り症例として、看取り目的で紹介されることだって増えてきます。とにかく、年間１４０万人もの人たちが亡くなっていく時代です。にもかかわらず、病床数はもう増えないのですから、老健にはさいごの場所としての役割がもとめられていると考えてまちがいありません。

何もリハビリで元気になって退所することだけが在宅復帰ではないということです。だから、個人的には、老健の看取りについては介護報酬を配慮してあげるのが望ましいと思っています。諸悪の根源である胃ろうについては、ようやく２０１６年度の診療報酬改定でマイナス評価が下されました。介護報酬とはおおもとの財布がちがいますが、人生の最期に安らかな時が刻めるようなサポートに対しては、もっともっと考慮した報酬を付けてあげてほしい。そう願ってやみません。

老健における看取りは、今後ますます注目されるテーマとなることは必至です。これが国の描く方向性なのです。必然的に、ターミナル患者の受け入れに拍車がかかると思います。身体上の問題を抱えていて自宅での生活が困難な人、認知症の人、リハビリをしながら特養の入所待機をする人等々。老健の強みである機能訓練および医療的機能を考えれば、これは自然な流れと言えるでしょう。なんてったって、常駐の医師が居るし、看護師は24時間居るわけですから。医療と看護が手薄で脆弱な特養・老ホ・サ高住では対応しきれない入所者であっても、老健であればOKという場合が多々あるはずです。

くりかえしますが、老健は在宅復帰支援と同様に、看取りも重要不可欠な機能として担っているのです。

いろいろと並べたてましたが、やっぱり、とにもかくにも医師が常駐してくれているという安心感。これは大きいんですよね。それと、すぐ近くに病院があるという安心感。看護職が大勢いてくれることの安心感。実質的には医療機関でありながら、入所者に負担のかかるような過剰な医療は行わないという安心感。いろいろな変化があって、かつ家庭的なムードのなかで介助を提供してもらえる安心感。こうした要素が、他の施設や住宅にはなし得ない、安らかで穏やかなさいごを運んできてくれるのでしょう。

「さいごまで老健」のメリット

老健には２つの大きな役割がある。

ひとつは、

「在宅復帰に向けたリハビリ」

もうひとつは、「看取り」なのである！

▼

だとするならば
こんなに恵まれた環境は他にない！

特養に対する老健の優位点

①特養と同じくらい安い
②特養とちがって厚生年金受給者でも入れる
③特養ほど重篤でなくても入れる
④経営母体が医療法人である（施設長が医師）
⑤日中は医師が常駐している
⑥ 24時間、看護師が常駐している
⑦系列病院が近くにある
⑧基本的に延命治療をしない
⑨人の出入りが多い
⑩職員が比較的あかるい

それが超・格安で手に入るわけですから、
もう、あなた、迷わず老健に入りなさい！
迷わず老健にお入れなさい！

となるわけです。

論より証拠
その3　私の母も老健に移しました！

この章のさいごに、ちょっと個人的なことを書かせていただきます。
実は、私の母は認知症です。父も認知症だったのですが、その父を3年くらい、母が自宅で面倒を見ていました。父の認知症は、徘徊と暴力を伴っていたため厄介でしたが、母が「どうしても自分で世話をしたい」と希望したのです。しかし、それによって、もともと外出好きだった母がずうっと家に居なければならなくなったわけです。かなりのストレスだったと思います。過労で2度、救急車で運ばれました。最終的には、両親が共倒れするのを回避するため、父をシニアマンションに入れました。当時、私が勤務していた医療機関が開設したもので、今日でいうサ高住のようなところです。仕事の合間に、私がちょくちょく様子を見ることができたので、母も納得してくれました。親戚やご近所からは、「長年連れ添った両親を引き離すとは、なんという親不孝」などと叱責されたことを思い出します。

父は5年前に亡くなりましたが、その半年後に、母が「通帳や印鑑をすべて盗まれた」と、出張中の私の携帯に言ってきたのです。これがはじまりでした。母は典型的なモノ盗られ妄想で、頻繁に私の携帯を鳴らしまくりました。近所の交番や銀行にも何度となく駆け込み、ちょっとした有名人になりました。そして、モノ盗られ妄想のお決まりのパターンで、さいごにはもっとも身近にいる存在、つまり、私を犯人だと言って糾弾をはじめました。

やむなく、２０１３年の春、高校時代の先輩が勤務している病院に助けを求め、速攻で精神科の認知症病棟に入院させたのです。半年間、そこでお世話になったのですが、医師の先輩が転勤となり、「そろそろ出てくれませんか」と言われたので、以前、父の入居先を探していた時に母が「私はいつかここに入りたい」と言っていた老人ホームに移しました。あれから2年半が経過。今年の7月からは、東京郊外にある老健に再び移しました。

理由は費用です。老人ホームには800万円の入居金とは別に、毎月25万円ほどの費用がかかっていました。母は認知症ではあるものの身体的にはまったく問題がなく、ピョンピョンと飛び跳ねるほどです。医者が「この調子でいくと120歳くらいまで長生きするかもしれませんよ」と脅すので、将来的なことを考えて、少しでも費用負担の少ないところにしたかったというのが本音です。

母を連れて老健に出向いたところ、建物も周りの環境も職員も気に入ったと言うので、つい先日、引っ越しを終えたところです。幸い、母は介護負担の限度額認定を受けることができたので、これで月々の出費は7万5千円くらいになるはずです。老人ホームに居たときと比べれば、月額18万円も安くなります。あと20年長生きしたとしたら、240カ月ですから、4千万円以上が浮くわけです。これは大きいです。老人ホームへの入居一時金も半分以上が戻ってきたので、私としてもホッとしているところです。

私事に長々とおつきあいをいただきましたが、要は、この本を書いている私自身も、自分の母親を老健にお任せすることにしました！　というだけの話です。

でも、このジャッジは、過去10年以上にわたって、多くの相談を受けたり、多くの高齢者施設や高齢者住宅を覆面調査したり、多くの現場介護職のナマの声を聴いたりするなかでできあがった、「老健がいちばん」という価値観を根拠にしています。

母と私、双方にとってのベストチョイスですから、読者のみなさんにも、自信を持ってお薦めすることができるのです。

第3章

「老健がベスト」を検証する

老健最強論　～３つの根拠～

さて、ここからは、あなたの親御さんに最後の最期まで過ごしてもらう場所として、老健こそが最強だと言い切る３つの根拠について、もう少し詳しくお話ししていきます。

３つの根拠とは、つぎの通りです。

★【費用】厚生年金受給者でも享受できる特養並みの安さ
★【医療】医療施設ゆえの安心
★【職員】明るい開放感がもたらす居心地の良さ

これらは、いわゆる「終のすみか」を選ぶ際の最重要３項目と言っていいでしょう。

まず、「費用」については、改めてご説明するまでもないでしょう。１００歳以上の人口が10万人を超えようかという時代です。あなたの親御さんが、仮に80歳だとしましょう。どこかに入所したとしても、あと20年生きながらえたって何の不思議もありません。そうこうしているうちに、あなた自身も高齢者になっていくわけです。

ですから、あなたのお子さんたちのことを考えたら、できれば安価に済ませたいというのが実際のところではないでしょうか。理想的には、親御さんの月々の年金受給額の範囲内で収まることです。そんなリーズナブルな場所を探したいというのが誰しもの本音ではないでしょうか。誰だって、安いに越したことはないのです。

次に、「医療」。医療と看護のサポート体制のことです。現時点では、たえず医療的な措置を必要としない人であっても、高齢者は病気のデパートです。いつ何どき発症したり、緊急を要する状態になったりしないとも限りません。なので、やはり、医療面のサポートは手厚いほうがいいのです。とくに休日や夜間の体制については重要です。

世間的には、緊急時の医療サポートに係るトラブルやクレームがとても多いのが実態です。そもそも、夜間に看護師のひとりもいないとか、救急車を呼んでも職員が同乗すらしてくれないとか、こんなことはどう考えても受け入れることはできないと思います。そんなところに、あなたを産んで育ててくれた親御さんを預けられるものでしょうか。これはもう、絶対に押さえておかなければならないポイントだと思います。

さいごに、「職員」。やはり、長い歳月をそこで過ごすということになれば、館内の雰囲気というのはとても大切だと思います。で、雰囲気というのは、結局はそこで働く職員の笑顔であったり、あいさつや声かけであったり、仕事に向き合う姿勢であったり……ということです。

館内に一歩、足を踏み入れた時に感じるはずです。「明るい雰囲気だなぁ」とか、「あれっ？　ちょっと暗いなぁ」とか。職員満足度が高い職場というのは、ふつうは離職率が低いものです。

一般的に、介護の現場は３Ｋ職場と言われてきましたが、現場の人たちに言わせると４Ｋ職場（キツい、汚い（くさい）、危険、給料安い）だそうです。でも、いろいろな介護職の話を聴いていると、仕事がキツいとか、給料が安いとかいうだけでは、「即やめる」とはならないことがわかります。

何といっても大きいのは、人間関係です。それも、入所者やその家族との関係ではありません。同僚や上司との摩擦が、感覚的には9割以上です。お互いの価値観に大きな隔たりがあったり、職員相互の「好感・関心・配慮」が希薄だったりすると、ただでさえキツい仕事によるネガティブな感情を処理できなくなって、必然的に声も表情も暗くなります。

それが溜まりに溜まって、辞めざるを得ないのだと思います。あるいは、その意識がときに入所者に向けられてしまうと、ニュースで垣間見る痛ましい事件になってしまうのでしょう。

職場に同じ思いを共有できる仲間や同志があってこそ、人は夢や希望に向けてがんばれるのだと、つくづく思います。

それでは、3つの要素について、老健のすばらしいところを具体的にご紹介していきましょう。

【費用】厚生年金受給者でも享受できる特養並みの安さ

左の表は、老健の利用料明細書です。今年のはじめに首都圏の老健に入所していただいた3名の相談者（ご家族）からお借りしたものです。

しかも、この方たちは国民年金だけを拠り所に暮らしているため、「介護保健負担限度額認定」という制度を利用することで、介護保険負担額のうち、自己負担は月額1万5千円ですみます。どういうことかというと、介護保険負担額のうち、Aさんの場合、差額の1万7222円が、後日戻ってくるわけです。だから、実質的な月額費用は7万数千円ということになります。

あと、細かい話ですが、老健は介護報酬から収益を得ることになっているため、入所者に処方した薬の代金や、他科受診（医学管理上、老健の主治医が他の診療科の受診を指示すること）に係る費用を、入所者に請求することができません。複雑な話ですが、ようするに、入所者側は薬代や他科受診料を負担しなくてもいいという、ちょっぴり美

老健の利用料明細書

【A さん（84 歳、女性。要介護 1。東京都稲城市の老健に入所）】

居住費……………………11,470 円
食事代……………………12,090 円
おやつ代…………………4,774 円
売店購入費………………900 円
洗濯代……………………4,650 円
日常生活品………………15,500 円
娯楽費……………………6,200 円
理美容代…………………2,500 円
介護保険負担額…………32,222 円

合計金額 **90,306 円**

【B さん（87 歳、男性。要介護 1。神奈川県横浜市の老健に入所）】

居住費……………………11,100 円
食事代……………………11,700 円
おやつ代…………………4,620 円
売店購入費………………520 円
洗濯代……………………4,500 円
日常生活品………………15,000 円
娯楽費……………………5,800 円
理美容代…………………2,500 円
介護保険負担額…………32,785 円

合計金額 **88,525 円**

【C さん（77 歳、女性。要介護 3。東京都府中市の老健に入所）】

居住費……………………8,960 円
食事代……………………10,920 円
おやつ代…………………4,312 円
売店購入費………………350 円
洗濯代……………………4,200 円
日常生活品………………8,400 円
娯楽費……………………4,200 円
理美容代…………………2,500 円
介護保険負担額…………30,140 円

合計金額 **73,982 円**

限度額認定を受けることで、介護保険負担額は月額 1 万 5 千円で済む。
差額は、後日返還されるため、実質的な自己負担は多くても 7 万 5 千円程度と考えてよい。

味しい話までついてきます。

もちろん、厚生年金を受給している方の場合には「介護保健負担限度額認定」を利用できませんので、介護保険負担額はすべてお支払いいただくことになります。さらに、居住費と食事代も所得に応じて高くなりますから、だいたい月額13万円くらいだと考えておいてください。15万円を超えるというケースはめずらしいです。それにしたって、老ホやグルホやサ高住の半分ですむわけですから、こんなにお値打ちなことはないでしょう。

なお、私ども独自の調査によると、特養の入所者の月額費用は平均7万円弱です。特養というのは、そもそも症状が重いことに加え、社会的・経済的に弱い立場の人から優先的に入れていきます。イメージとしては、生活保護受給者から、国民年金だけを拠り所に生活している人たち（住民税非課税で、年収80万円以下）の階層となります。そんな人たちであれば、当然のごとく「介護保健負担限度額認定」の対象になりますから、特養でも老健でも、両者間に、そんなに大きな費用の差はないと言ってよいのではないでしょうか。

ちなみに、私どもの相談者のなかにも、比較的ゆとりのある方で、グルホ、老ホ、サ高住に入られた方もいます。それぞれの平均月額費用は、一切合切で次のようになっています。カッコ内の数字は件数です。

グルホ（7）……………24万３３３６円
老ホ（6）………………27万２８７２円
サ高住（16）……………24万８０４５円

これからわかるのは、やはり特養や老健は公的施設のことだけあって、超・超・超安い！　ということです。

たとえば80歳で入所して１００歳まで月額25万円の生活をしたとすると、年間で３００万円、20年間で６千万円もの買い物をするのと同じことになるのです。下手をしたら1億円なんてこともあり得ない話ではありません。

私どもへの相談者の中には、大企業の重役で年収2千万円以上を稼がれている方もいらっしゃいます。しかし最終的に、民間の物件でなく老健を選択されるケースが多いのは、やはりこの経済的要因が大きいと思っています。ご家族や自分自身だって、この先、何が待ち受けているかわかりませんからね。

しかし、老健が費用的に安価だからといって、その中身までが安っぽいかというと決してそんなことはありません。特養については、なんとも言えませんが（苦笑）。老健なら、「安いのに、いいじゃん！」となります。

こんどは、そのあたりのお話をしてみたいと思います。

【医療】医療施設ゆえの安心

老健が安心な理由は、その手厚い医療看護体制にあります。

介護保険上の規定として、１００人の利用者に対して職員は34人以上いなければなりません。が、問題はその職員の内訳です。特養は34人のうち、看護師はわずか３人でＯＫです。一方の老健は10人の配置が必要です。おまけに、平日の日中時間帯には医師も置かねばなりません。

かつ、ほとんどの老健には病医院が隣接しているのです。自分の親を入れるとしたら、果たしてどちらが安心か……。これはもう比較になりませんよね。

現在、老健の8割以上は当然のように夜勤看護をつけています。また、全体の5割以上の老健で看取りまで対応しています。その理由は、介護報酬云々ではないと思います。老健での生活に慣れ親しんだ方が、最後の最期の瞬間を迎えようとしたときに、できればここで看取ってもらえないだろうかというご家族の要望に真摯に向き合っているということなのです。

看護師を夜勤させればそれだけ人件費は嵩むし、看取りのために医師を待機させたら尚のことです。それでも全国の老健の5割が看取りの実績を持っていて、さらにこの先も、老健全体として看取りに対応していこうという風潮には、救われるような思いがするのです。死に場所が足らなくてどうにもならなくて、困ったあげくに、スタッフが3人もの入居者を殺してしまったSアミーユ川崎幸町みたいなババを引いてしまうことだって起こり得る時代なのですからね。

【職員】明るい開放感がもたらす居心地の良さ

さらに、見落とせないのが、老健で働く職員のことです。ある老健の事務長に聴いた話では、本来なら介護職、看護職の給料はカットせざるを得ないそうです。なぜかと言えば、立て続けに介護報酬の減額があったからです。

全国の平均で、介護職の給料が年間20万円〜30万円も下がったと言われているなかで、全老健の調査では、全国の老人保健施設は医師と管理職の給料は下げたものの、看護職と介護職の給料はいっさい下げていないという結果が出ています。入所者のケアの水準を下げることはできないし、人材の確保もままならなくなるからというのが理由です。

厳しい経営環境下、健全な経営を維持するためにさまざまな試行錯誤が続く中で、職員満足度が特養や民間の施設等に比べて高いとされるのも、こんな背景があればこそなのでしょう。

誤解を恐れずに言えば、現場で働いている人たちの雰囲気も、やはり特養や民間の老ホやサ高住とはちがいます。なんのかんの言っても、やはり老健というのは病院に近いのです。医療機関ゆえの安定感がそこにはあるのです。

老健の場合、月に一度程度、医療法人グループ全体での交流があります。研修やイベントで、病医院で働いている人たちと、老健で働いている人たちが同じ時間を共有して刺激しあうわけです。他にも、グルホや訪問看護ステーションや訪問介護ステーション、近隣の調剤薬局などのスタッフとも接点を持つことがよくあります。

これは、４Ｋ職場と酷評される介護現場の職員にとって、とてもリフレッシュできる機会なのです。

医療法人グループ全体として、事業部門をまたがっての人事異動があることも救いです。また、グループの収益の要として病医院がありますから、介護事業だけしか行っていない法人と比べると、経営的に安定しています。

都市部の老健では積極的に改修・修繕等が行われ、とてもこぎれいな老健が増えています。それも手伝ってか、堅調な業績を維持している組織には、やはり落ち着いたムードがあるものです。現場がバタバタしていない。ピリピリしていない。要は、ゆとりがあるのです。だから虐待のような悲惨な事故事例も少ないのだと思います。

ちなみに、私どもＮＰＯ法人「二十四の瞳」は活動開始してから10年が経過していますが、老健に対する内部告発は1件もありません。たとえば、特養は9件、民間の老ホなら7件、グルホは2件、5年前から制度化されたサ高住は4件。いずれも職員もしくは元職員から劣悪な経営実態について衝撃的な情報が寄せられています。でも、なぜか老健はゼロなのです。

さて、この章のさいごに、実際に老健で働いている職員たちの声を紹介しておきましょう。今回、老健に勤務する介護職に電話で聞き取り調査を行いました。わずか6名ではありますが、そのうちの3名は特養勤務の経験もあります。彼女たちに、特養との比較を意識しながら、老健の良いところをあげてもらった結果が次の通りです。

【老健のやりがい（特養との比較において）】

① 夜でも看護師がいるからなんか安心
② いろんな職種がいるから、なんか刺激あり

③　レクリエーションが多いから、なんか楽しい
④　医師がいるから、とても安心
⑤　延命しないから、なんか厳か
⑥　家に帰る人もいるから、なんかうれしい
⑦　会話が通じるから、とても和やか
⑧　経営母体が医療法人だから、なんかいい
⑨　異動もあるから、なんか新鮮
⑩　面会が多いから、なんかホッとする
⑪　人の死に触れるから、なんか深く考えさせられる

以下、ポイントとなるコメントについて解説を加えておきましょう。

「⑥　家に帰る人もいるから、なんかうれしい」
これは、老健には、やはりリハビリをしっかりやって現場復帰しよう、自宅で生活しようという明確なる意思を持って入所している人たちもいるわけです。最後の最期

まで老健で過ごされる人がいる一方で、状態が改善して退所していく人もいる……。やはり、職員にあいさつをして、ご家族と一緒にご自宅に戻られる人をお見送りするというのは、達成感が感じられる瞬間なのだと思います。

「⑦　会話が通じるから、とても和やか」

特養の入所者は90%が認知症の重篤者であるため、会話が通じない場合がほとんどです。コミュニケーションの取れる相手とのやりとりと比べた場合に、これが、やはり介護職のストレスになっていることは否めません。妥当な例かどうかはわかりませんが、精神病院に勤務する医師や看護師は、ふだんの自分自身を見失ってしまったり、こころに変調をきたしてしまったり、そういうことがよくあると言います。要は、本当におかしいのは患者ではなく、自分のほうなのではないかという錯覚に陥るわけです。医師・看護師と比べれば、こころの問題についての専門知識が少ない介護職の場合、自らが病んでしまいかねない状況がすぐそこにあるというわけです。

「⑧　経営母体が医療法人だから、なんかいい」

これは、ちょっと言いづらいことなのですが、特養を経営しているのは社会福祉法人という組織体なわけです。この法人の経営面の特徴は、★同族経営（近親経営）かつ世襲、★非課税、★補助金、★多額の内部留保、★現場知らずと言われています。私が知っている特養の経営者もかなり個性派ですし、高級ブランド＆コスメで飾っている人は多いですね。あと、外車を乗りまわしていたり、おまけに、その外車を経費で購入していたり……。

だんだん興奮してきてしまうので、ここらへんにしておきましょう（笑）。要は、こういう経営陣に見切りをつけて退職する人が非常に多い。それが、私の特養に対する印象なのです。

「⑨　異動もあるから、なんか新鮮」

老健の場合、症状や入所目的によってフロアが分かれていることがほとんどです。そして、積極的な人事ローテーションを回しています。これは、職員のキャリアステップ上の理由もありますが、一ヵ所に固定することによって生ずる心理的閉塞感から解放するといった、こころのケアの一環でもあります。それ以外にも、同じ敷地内や近隣に病院があったり、健診センターがあったり、居宅介護事業所があったり……。だからこそ、もしもある職場に配属された職員がそこに適応できなかったとしても、対策を講じやすい。それが職員のバーンアウト（燃え尽き症候群）を回避する手立てにもなっているわけです。

「⑩ 面会が多いから、なんかホッとする」

統計を取ったわけではありませんが、特養の入所者のもとへは、あまりご家族が様子を見に来られている印象がありません。やはり、認知症で重篤な方が多いこと、そもそも特養には身寄りがなく社会的に孤立した人を優先的に入所させる傾向があることが理由かもしれませんね。

それに対して、老健というのは外部からの人の出入りがとても多い印象があります。ご家族の面会も明らかに多いと感じます。これが老健での暮らしはリスクが低いと言える大きな理由でもあります。人の出入りが頻繁にあるというのは、けっこう重要なことなのです。

覆面調査や取材で多くの施設を回るのですが、全体的に、老健の職員は、明るくて話しかけやすい傾向にあります。これが入所者のご家族にとってはこころの拠り所になるはずです。

「⑪　人の死に触れるから、なんか深く考えさせられる」

最近はすっかり親族の死というものに触れる機会が減ってきましたよね。だからこそかもしれませんが、看護職・介護職を問わず、入所者の死をはじめは恐れていますが、場数を踏むにつれ、そこからさまざまなことに気づき、考え、人間としての幅がひろがっていくように感じています。人の最期に立ち会うことで、思慮深い、そして人に対してやさしい人材に育っていくような気がしてなりません。ひとりひとりの入所者と同じ時間を共有したことの意味を吟味しながら、ご本人やご家族から「この職員さんがいてくれてよかった」と言ってもらえるに相応しい専門職になりたいと思ったという20代の介護職のコメントには、目頭が熱くなったものでした。いやあ、ほんと、立派なプロだなぁ〜ってリスペクトしたものです。

私が思うに、このあたりのことが、老健に入所した人たちの満足度にもつながっているのではないでしょうか。

彼女たちの笑顔と明るい声が、老健のムードを作っています。場を和ませ、そこで生活する入所者たちの気持ちを前向きにしてくれます。そして、そこに老親を託したご家族たちのこころをも支えているのだと思います。

特養がダメなワケ　～社会福祉法人は不祥事の温床～

その安さゆえに、日本中の多くの人たちの「終のすみか」候補の筆頭に挙げることの多い特養。何とかして入りたい、何とかして要介護状態に陥ってしまった家族を入れたい。にもかかわらず、全国的に満床のため、いま現在そこで暮らしている誰かが他界しない限り、なかなか自分の順番が回ってこない。待機者数は52万人。推定待機期間は3年超とも、5年とも言われていて、まさに、保育園か特養かといった感のある行列ぶりです。安倍政権の肝いりで、2017年春までには150棟1万2千人分の特養が新設される見込みです。

ただし、特養の「特別」という言葉からもわかるように、新設される特養に入所できるのは、身体的・経済的・社会的に特別な人だけです。要介護３以上で、非課税世帯（生活保護受給者および国民年金のみの受給者）で、実質的に家族がいない。こういった状況にある高齢者ということになります。なので、たとえば、ご本人が厚生年金を受給していたり、お子さん世帯に比較的高い収入があったりすると、いくら安くすむからといっても、よほどの裏技でも使わない限り、現実的には入所できる可能性はありません。

一応、特養に入所した場合の月額自己負担について触れておきましょう。


【従来型多床室（要介護３の場合）】
・居住費……………9600円
・食費………………4万1400円
・その他費用………1万5000円
・介護サービス費…2万7000円

合計……………………………8万8500円

ただ、実際には、本人および世帯全員が生活保護の対象だったり、年収が少なかったりすれば、居住費や食費が低く設定され、介護サービス費についても高額介護サービス費などの補助金が自治体から支給されるため、実際の自己負担金額については、さらに安くなって、6万円から7万円程度ですむはずです。ま、とにもかくにも安いわけです。

しかし、あえて申し上げたいのは、これだけの安さを考慮してもなお、それを上回るリスクを孕んでいるということです。

理由は、とにかく事件や不祥事が尽きない、その経営体質にあります。もちろん、きちんとした品質を維持している特養もあるでしょう。しかし、やっぱりメディアで報道されるニュースはもとより、私どもに寄せられるクレームや内部告発の類が突出しているのです。ですから、私的にはどうしても特養のイメージが芳しくないわけです。

特養のほとんどは、社会福祉法人によって運営されている公的な介護施設です。他

特養で起きた事件・不祥事の数々

2009 年	大阪市鶴見区の浜特別養護老人ホーム（社会福祉法人和悦会）で、男性介護職員による認知症入所者の虐待が発覚。入所者の息子が隠し録りした IC レコーダーの内容がニュース番組で流されたのを聴いて戦慄が走ったものだった。
2010 年	埼玉県春日部市の特養「フラワーヒル」（社会福祉法人福一会）で、介護職員による女性入居者 3 人の連続殺人が発覚。
2011 年	石川県かほく市の特養「ことぶき園」（社会福祉法人芙蓉会）で、男性介護職員が女性入所者に暴力をふるい、あばら骨を折る重傷を負わせていたことが発覚。
2012 年	兵庫県神戸市の特養「本多聞ケアホーム」（社会福祉法人報恩感謝会）で、女性介護職員 4 人が女性入所者 4 人の髪の毛を引っ張るなどの虐待行為を繰り返していたことが発覚。
2013 年	大分県杵築市の特養「心助園」（社会福祉法人一心会）で、男性介護職員が認知症の男性入所者に対して、昼食後の服薬を拒んだという理由で顔面を叩くなどの虐待行為をしていたことが発覚。
2014 年	新潟県新潟市中央区の特養「プリメーロ女池」（社会福祉法人 修愛会）で、男性介護職員が女性入所者を殴って重傷を負わせたとして逮捕された。容疑者は「言うことをきかないから」という理由で、何度も殴り、胸の骨を折る大怪我を負わせていた。
2015 年	新潟県南魚沼市の特養「雪椿の里」（社会福祉法人八海福祉会）で、男性介護職員が女性入所者を虐待し、骨折や内出血を負わせていたことが発覚。
2016 年 1 月	東京都府中市の特養「あさひ苑」（社会福祉法人多摩同胞会）で、同施設の女性職員が出勤してきた施設長女性と玄関ホールで口論になり、バッグに隠し持っていた刃渡り 12 センチの包丁で施設長の左胸を刺す殺傷事件が発生。
2016 年 4 月	秋田県由利本荘市が運営する特養「東光苑」で、入所者 49 名のうち 46 名について介護サービスの前提となるケアプランが未作成だったことが判明。
2016 年 6 月	新潟県佐渡市の特養「スマイル赤泊」（社会福祉法人「佐渡前浜福祉会」）で、経理職員による施設運営費 8 千万円の横領が発覚。

には、自治体が運営しているものもあります。入所者側からすると、収入や課税金額等に応じて補助金や助成制度が受けられるため、民間の老ホやサ高住よりもはるかに安価にサービスを受けられます。

逆に言えば、当然、提供されるサービスの品質もあまり多くは期待できないのではないかと容易に想像がつくはずです。まず、医師はいません。看護師も日中の時間帯のみで、夜勤はまずいません。そして、介護職員も、フロアにひとりだけということもよくあります。そして、特養については、この慢性的な人手不足によるサービス提供体制ゆえに、いろいろな事件が起きてしまうように思えてならないのです。

これらの事件においては、捜査過程で、いずれも介護現場の過酷な労働環境と、それによる介護職員のストレスやプレッシャーなどが取り沙汰されており、一般社会の感覚と比べればかなり軽い判決になっているような気がします。こうした事件を起こした特養には形式的な行政処分が科されているだけです。ガバナンスやリスク管理に対する希薄な問題意識について、経営責任を追及するような、もっともっと強硬なアプローチがあってしかるべきだと感じるのは私だけでしょうか。

2013年の春、厚労省が特養の過剰な内部留保（埋蔵金）についての調査結果を公表しました。一施設当たり3億円超の埋蔵金を、もっとサービス拡充や職員の待遇改善に活用すべきではないかと指摘したのです。

社会福祉法人という法人形態は1951年の社会福祉事業法で誕生し、全国に約2万の法人があります。全国8千ある特養を経営・運営し、約50万人の入居者へのサービス提供を独占しています。3年に一度、見直される介護報酬の議論においては、毎回、特養の収支差率（収入と支出の差額が収入に占める割合、企業の利益率に近い）の高さがやり玉にあがります。

簡単に言うと、ふつう大企業の売上高経常利益率の平均は5％程度。中小企業の利益率は2％～3％となっています。これに対して、特養の8・7％というのは、どう見ても高すぎるのではないかという話です。これを多少落としてでも、全国的に待機児童が問題となっている許認可保育園の受け入れ児童数を拡充したり、介護職や保育職の待遇改善を図ったりすべきではないかと……。

結果的に、特養の介護報酬はマイナス改定を強いられていますが、そのあおりを食らっているのは現場の介護職たちであり、もっと言ってしまえば入所者たちということとになるでしょう。しかし、残念ながら、特養に入っているような人たちには声を上げる術がもはやありません。とても痛ましいことだと思います。

一方で、社会福祉法人の経営層の所得はあいかわらず高く、一族や近親者は、その能力とは関係なく、当然のように各事業所の要職に就いていています。そして、かなりゆとりのある生活をしているようです。

こうした実態を考えると、よほどガラス張りの経営を心がけないと、心ある現場の職員たちは意を決して退職するしかなくなるわけです。だって、人事権のすべては一部の同族近親経営陣が握っているわけですからね。民間企業であれば、株主や税務署が立ち入ることも可能ですが、社会福祉法人は治外法権なのです。誤解を恐れずに言えば、だから、有能な職員や志の高い職員ほど辞めていく。そんな気がしてなりません。もちろん、きちんとした経営をしている特養もあることを願いますが。

要は、こうした一部の同族近親メンバーたちが経営を自由にコントロールできるような特養よりも、老健のほうがはるかに透明性があるだろうということなのです。

老健の経営主体は医療法人です。医療法人にはきちんと税金も課せられ、医療法でも「監事役には、利害関係のある営利法人の役員、顧問税理士、当該法人の社員、理事長の配偶者・兄弟姉妹及び一親等の血族の就任は望ましくない」と規定されていますから、やっぱり第三者的な目が行き届くぶん、信用度が高いということです。

まとめます。私の経験則に基づく話で甚だ恐縮ではありますが……、特養はきらいです。リスキーです。その根源は、同族近親経営といわれる「社会福祉法人」の体質にあります。

経営陣の立ち居振る舞いはかなり派手です。その一方で、現場の職員たちは悲惨です。給料をはじめとする待遇は悪いし、上司たちが理不尽なことも多いので職員満足度はきわめて低いです。当然、離職率は高い。マトモな職員ほど早々に辞めてしまいます。

つまり、一般企業等でしゃかりきになっている内部統制だとかリスクマネジメントだとか、そういったものとはまったく異次元の空間。それが社会福祉法人だと思うのです。

土地・建物・運営への補助金も手厚いのに完全非課税。株主総会も外部監査もありませんから、理屈的に、経営上層部はやりたい放題です。
こういう法人組織が開設し運営しているのが特養です。他の施設よりも良い点は、はっきりいって安さのみ。こんな特養に、あなたの大切な親御さんを入れたいですか？

わたしがお伝えしたいのは、そういうことです。

特養をお薦めしない理由

① 経営母体である社会福祉法人の特殊性（同族近親経営）
② 事件や不祥事、私どもに寄せられる内部告発の多さ
③ 現場の職員満足度の低さ
④ 夜間の人員体制の不安
⑤ 特別な人しか入れない狭き門であること

サ高住がダメなワケ
〜「サービス付き」ならぬ「サービス抜き」〜

つぎに、サ高住をお薦めしない理由について書いていきます。

サ高住とは、「サービス付き高齢者向け住宅」の略称です。イメージとしては、ワンルームの賃貸アパートまたは賃貸マンションです。そこに、必要に応じて、介護サービスやら医療サービスやらが出前形式で届けられるわけです。ということは、入所者は必然的に居室で過ごす時間が増えるわけです。というか、基本的に自室に居ることになります。

となると、いくら「認知症でも受け入れます」「最後の最期までお過ごしいただけます」と説明されたとしても、やっぱり不安です。部屋の中で何が起きているのか、まったくわからないのですから、ブラックボックスです。となると、さいごの生活場所として安心して老親や配偶者を委ねることはむずかしいと思うわけです。

最近では、本来「住宅」であるはずのサ高住がどんどん老ホ化してきています。入所者個々のライフスタイルを尊重しつつ、同時に万全の管理体制も敷いていると、パンフレットやホームページには書いてあります。現地説明会でも、そんな説明がなされるでしょう。

でも、真に受けないことです。やはり、居室に放置されている時間が多いのです。緊急連絡装置が取り付けられているサ高住も多いですが、こと認知症になってしまうと、そのボタンを押せなかったり、装置を分解して壊してしまったり……。どうしても職員が最初に気づくタイミングが遅れてしまう場合が多いのです。

この点で、サ高住でさいごを迎えるというのはどうにもイメージできないのです。

また、サ高住とは、「サービス付き高齢者向け住宅」の略称であり、業界人には、「サツキ」と呼ぶ人もかなりいます。しかし、私に言わせれば、世の中にあるほとんどのサ高住は「サービス抜き高齢者向け住宅」であり、「サヌキ」なのです。この点も、私がサ高住を積極的にお薦めできない理由のひとつです。

実は、サ高住を建てると国から多額の建築補助金がもらえます。また、入所者のそこでの暮らしを円滑なものとするために、『医療または福祉の専門資格者を（少なくとも日中は）常駐させること』という条件が課せられていますが、その代わりに、入所者から毎月、「家賃」「共益費」の他に、「生活支援サービス費」なるものをとってもいいことになっているのです。

ちなみに、「生活支援サービス費」の具体的な金額は、下の表の通りです。

ご覧のように、けっこうな金額です。支払う側からすれば、月額４万円だの５万円だのといえば、決して安くはない金額です。地方都市ともなると、家賃よりも生活支援

介護大手サ高住の生活支援サービス費（単位：千円／月）

ニチイ学館「アイリスガーデン」	30～35
パナソニック エイジフリー「エイジフリーハウス」	25
やまねメディカル「なごやかレジデンス」	20～30
損保ネクスト（メッセージ）「Ｃアミーユ」	30～60
学研ココファン「ココファン」	25～35
やさしい手　「へーベルビレッジ、コーシャハイム、グレイプス」	20～35
ツクイ「サンフォレスト」	35～40
ベネッセスタイルケア「リレ」	40～45
ユニマット　リタイアメント・コミュニティ「ケアコミュニティそよ風」	60～100
木下の介護「リアンレーヴ」	70～100

サービス費のほうが高い物件さえあるほどです。
これだけのお金を払うのだから、そこに住まうご本人やご家族が、「老親を住まわせ、忙しくてなかなか様子を見にも行けないけれど、サ高住には生活支援サービスが付いているから、日常生活の中でいろいろと困ったことがあっても、医療や福祉の専門家に対応してもらえるだろうから安心だ。遠方にいる自分に携帯電話をされてもすぐには動けないからな」と考えてしまったとしても当然です。

ところが…です。国からの莫大な補助金を受け取るための条件であるはずの『生活相談』の実態は目を疑うばかりです。はっきり言いましょう。

毎月ウン万円も徴収される生活支援サービス費とは、実体のないムダ金であると！

ここ数年、全国に開設されるサ高住の数が増えるにつれて、私どもに寄せられるサ高住関連の相談やクレームが増え続けています。クレームの9割は、「サ高住に親を入れたはいいが、当初聞かされていた生活支援への対応がほとんどなされておらず、結果的に子ども世帯の負担がまったく減らない。退去したいがどうしたものか」といった具合です。要するに、「生活支援サービス費」の問題なのです。

ほとんどのサ高住では、ほとんど何ら生活相談に応じてもいないし、応じる気もないにもかかわらず、すべての入居者から毎月４～５万円もの生活支援サービス費を徴収しているわけです！　なんともひどい話です。詐欺と言われても仕方ないと思うのは私だけでしょうか。

サ高住の最たるリスク。それが緊急時の対応です。具体的には、こういうことです。何かしら緊急事態が発生した場合、サ高住には医師も看護師もいませんから、救急車を呼ぶことになります。ここで唖然とするのが、救急車を呼んでくれたとしても、それに同乗してくれない場合がほとんどだという点です。

ええっ！　苦しんでいる入所者をひとりで救急車に押し込んでしまうの？

こんな声が聞こえてきそうですが、そうなのです。職員はだれも同乗していってくれないのです。で、ご家族に対して、「救急車を呼ぶからすぐに来てください」とか、「搬送先がわかったら連絡しますので、すぐに出向いてください」とか、依頼の電話をかけるのです。

要は、夜間の時間帯は職員がひとりだけという場合がほとんどのため、その職員が救急車に乗っていってしまったら、サ高住がガラ空きになってしまうということです。だから、救急車を呼ぶだけ呼んで、「ハイ、おしまい」というわけです。

いや、平日の日中時間帯であってもそうです。名だたる大手介護事業者が展開しているサ高住だってそうなのです。


これって、ちょっと非現実的だと思いませんか？

家族だって仕事中かもしれない。たまたま遠方にいるかもしれない。「提携医療機関があるから万一の場合でも安心」などと謳っておきながら、これはないでしょう？

現実問題として、救急車で搬送先の病院に到着して、本人はどうやって医師に対してふだんの様子を伝えるのでしょうか？　痛みに苦しみながら、日常的にどういった薬を服用していて、どのような治療を受けていて、いま現在はどのような症状で……。そんなことを本人が説明できると思いますか？　救急車に乗せる際に、サ高住の職員が、提携している医療機関からカルテの写しでももらって救急隊員に手渡してくれるのでしょうか？

こうしたことを具体的にイメージしてみると、どうでしょうか。とてもではないけれど、サ高住をさいごの生活場所などとは考えられないと思うのです。

仮にいま現在は通院していなくとも、加齢とともに気になってくるのが万一の場合の医療サポートです。ほぼすべての施設が、「夜間に何かがあっても、医療機関と連携しているので安心」と言ってきます。しかし、その内実はピンキリ。入居者の非常事態を発見した時の具体的な対応の流れについて、詳細に聞き出して納得することなしに、サービス抜き高齢者向け住宅なんぞに家族を入れてしまうことは絶対に避けるべきだと思います。

さて、サ高住について、もうひとつだけお話ししておかなければならないことがあります。

私どもには、大手介護チェーンの職員や元職員からも、さまざまな情報が寄せられてきます。早い話が内部告発です。そんな声を総括すると、あまりにも急激に拠点を増やしたばかりに、現場職員の確保と育成が追いつかず、結果として現場が超危険な状態に陥ってしまっている……ということに尽きると感じています。そうした実情を知ってしまったら、まちがっても、自分の老親や配偶者を、大手介護チェーンのサ高住に入れようなどとは思わなくなるはずです。

以下は、サ高住事業で全国シェアトップ企業の施設を退職した介護専門職の人たちから寄せられた話の一部です。ちょっと読んでみてください。

そこでは、目に見えない虐待が日常茶飯事だったといいます。虐待というと、通常は、暴力（身体的虐待）や暴言（精神的虐待）、盗難（経済的虐待）がよく報道されますが、もっとも表沙汰になりにくい虐待、「目には見えない虐待」というのがあるわけです。答えは、「ネグレクト」。言わば、介護放棄です。放っておく、という意味です。具体的には、「ナースコールを取らない」「お風呂に入れない」「口腔ケア（歯磨きなど）をしない」「排泄介助をしない」「転倒注意の利用者がよろよろと歩いていても、止めずに無視する」などです。

でも、本当にこんな状態だったとしたら、管理責任者は何とも言わないのでしょうか？

急激に成長したサ高住の世界では、管理責任者は、他業界からの転職組が多いのです。短期間に全国に物件を開設していますから、企業のリタイア組の再就職先としては候補となりやすいのでしょうね。そんな彼らに共通するのは、とにもかくにも上層部を見ながら仕事をするということです。介護とは全然ちがう世界からやってきて、どんどん拠点を増やしている大企業ゆえの売上至上主義に迎合して、要領よく評価を得ようとする傾向が強いです。中高年の転職組ともなれば、まあ、それも仕方のないことかもしれません。家族を養っていかなければなりませんからね。

だから、現場の職員たちとはどうしたって心理的距離が離れていきますよね。彼らは、数少ない、ふつうに自分の意見を言えるような入所者に媚びるんだそうです。で、評価コメントを書いてもらって、入所者満足度を上げる。コールがあれば最優先で駆けつけて、30分以上も話し相手をしてあげて、昇進や昇給のネタにする……。

そのあおりで、コミュニケーションが取れない入所者は後回しにされたり、ネグレクトされたりしてしまうとしたら、これはもう虐待以上にひどい仕打ちです。もっと言ってしまえば、重篤で面倒のかかる入所者は、ひらの職員に押しつける。すると、彼らだって人間ですから、ついつい介護が荒くなったり、コールが鳴っても感情的になって言葉がきつくなる……。そんな悪循環が蔓延しているのだといいます。

それをトンデモ上司から注意されたり、叱責されたりすると、まともな感覚を持っている職員なら、「やってられるか！」と辞めてしまいますよね。世の中的には、介護職の募集はいくらでもありますから。となると、現場に残るのは、箸にも棒にもひっかからないような職員だけということになってしまいます。これはこれで恐ろしい話です。

彼女たちの話を聴きながら、サ高住を全国にギンギンに増やしまくっている介護大手企業の経営陣たちの顔が浮かんできました。コムスン、ワタミ、メッセージはなくなったけれど、こんどはメガ損保を中心に介護業界が再編されました。パナソニックグループもサ高住の積極戦略に舵を切りました。あまりに短期間に、急激に箱モノを増やすことのリスクをどうコントロールしようとしているのか。どうしても気になってしまいます。

だから、いま私どもにできることをやっていきます。

そう。大手介護チェーンのサ高住だけは、相談者にお薦めしない。

そういうことなのです。

サ高住をお薦めしない理由

①　月額何万円ものサービス料を取りながら何もしてくれない

②　医療サポートの不安（救急車を呼んでハイおしまい）

③　居室でひとり放っておかれることの不安

④　短期間で急激に数が増えたため人材育成が追いつかない

⑤　管理責任者に介護現場を知らない転職組が多い

老人ホームがダメなワケ ～絶えることないお金のトラブル～

私ごとき一般大衆層には無関係な話ですが、ここ数年の間に、ごくごく一部の団塊世代富裕層クラス向けに、豪華シティホテルも顔負けの老ホが誕生してきています。しかし、こんな豪華老ホに入れる人はそうそう居るものではありません。一生涯、お金の心配などいらない人たちなのでしょう、こういうところでさいごを過ごすことができるのは……。

一般大衆層の候補となり得る老ホといえば、せいぜいが、入居一時金500万円まで。月額25万円前後だと思います。で、こういった中級ランク以下の老ホというのは、実はあまり大差がなくて、500万円でも1000万円でも、意外とサービス品質が変わらないから難しいわけです。つまり、入居一時金というのは、大概がゴージャスな建築物（ハードウェア）に充当されるものであって、建ててしまった後の人的サービス（ソフトウェア）を左右するものではなかったりするのです。

まずは、大手介護チェーンの物件について、お金の部分を見てみましょう。これが、東京都内の物件（一人用居室）の標準的な金額だと思っていただいてけっこうです。

首都圏の老人ホーム

～１人用居室にかかる標準的な費用の目安～

【ベネッセスタイルケア】

・入居一時金 400 万円。
・月額 18 万円。
・家賃……………………………………………43,500 円
・管理費 ………………………………………86,572 円
・食費……………………………………………21,060 円
・介護サービス自己負担 ……………………7,000 円～ 29,000 円

【ニチイ学館】

・入居一時金 600 万円。
・月額 25 万円。
・家賃……………………………………………85,000 円
・管理費 ………………………………………50,000 円
・食費……………………………………………64,800 円
・生活サポート費………………………………36,000 円
・介護サービス自己負担 ……………………7,000 円～ 29,000 円

【ワタミの介護（現・SONPO ケアネクスト）】

・入居一時金 750 万円。
・月額 27 万円。
・家賃……………………………………………0 円
・管理費 ………………………………………142,295 円
・食費……………………………………………55,800 円
・水道光熱費……………………………………5,500 円
・生活サポート費 ……………………………36,000 円
・介護サービス自己負担 ……………………7,000 円～ 29,000 円

結論から言ってしまうと、だいたい大手チェーン物件の入居一時金は500万円程度。月額利用料は25万円～30万円となっています。基本料金は25万円なのですが、医療・薬代、紙おむつ代、イベント参加費、外出同行等の追加サービス費等が別途必要になることを勘案すると、なんだかんだで30万円（税別）と想定しておく必要があるわけです。

さて、老ホ関連のトラブルでもっとも多いのが、入居一時金の返還の問題です。老ホ業界では、昔から、入居一時金の返還についてのトラブルがなくなりません。国民生活センターや自治体の消費生活センターにも、苦情や相談が数多く寄せられています。私どもに寄せられた相談案件の中から、象徴的なものをご紹介しましょう。

【電話相談で寄せられた入居老ホの金返還トラブル】

★ケース1：2012年8月。入居金480万円のところを特別優待の360万円で契約。10か月で死亡退去。退去時の返還金算出式に基づいて試算した息子が、150万円程度が返ってくるはずだと請求すると、「入居時に優待条件を適用しているため、通常時の初期償却が50％のところが80％になる。実際の滞在日数を日割り計算すると、お返しできる金額はない」と突っぱねられた。

★ケース２：２０１３年６月。東京都多摩市の中堅クラスの介護付き有料老人ホームに入所させた母親が２年半で死亡したが、施設長代理なる人物から、「入居時にキャンペーンが適用され、通常１８００万円の入居金を１２０万円にディスカウントしている。その際、特別優待価格で入所いただいたお客様については、償却期間内の退去・死亡であっても返金はできない旨、説明し了承していただいている」と言われた。記憶にないと娘が抗議するも、「言った言わないの議論になると、出るところに出ても埒はあきませんよ」とすごまれた。

★ケース３：２０１４年３月。父親が、入居わずか20日で死亡退去。約１００万円の入居金の返還について訊くと、重要事項説明書に、小さく「15日目以降は一切の返金には応じない」と書いてあると却下され、泣き寝入り。

★ケース4：2014年4月。業界大手のNが経営・運営する施設で、「(生きたまま)退去する時には返金できるが、死亡時には返金できないルールだ」と、すでに死亡している父親に説明済みだの一点張りで平行線。同施設では、入所当初から、契約前に聞いていた月額料金と実際の請求額が大きく異なっており、この点も含めて弁護士に相談したが、「施設側との折衝がうまく運んだとしても、弁護料を差し引くと、娘さんの手元にはお金が残らない」とのこと。

★ケース5：2014年6月。さいたま市内の社会福祉法人が経営する介護付き有料老人ホームに入居していた父親が末期がんであることがわかり、本人の意向でホスピス病棟での最期を選択した。入所から3年強が経過していたものの、償却年数が5年であったため、息子は100万円程度の返還を予測していたが、施設側いわく、「クリーニングと原状回復に想像以上に費用がかかった」として、一銭も返せないと言われた。「あまりにも高すぎるのでは」と食い下がると、「お父さんには居室内のコンセントやらプラグやらを分解するクセがあり、本来なら別途費用を請求したいくらいだ」

と開き直られた。

どうですか？　これはもう、ガバナンスもコンプライアンスもあったものではありません。法に触れなければ何でもあり、の世界だと思いませんか？

私は、老ホのような入居一時金をドカンと徴収するような商売のやり口はキライです。この手のクレームは何十年もの長きにわたってなくなっていません。基本的に、こういう業界体質なのだと判断しています。後々トラブるのが見えてしまうから面倒くさいのです。お薦めしたくないのです。そういうことです。

つぎに、老ホの人員体制の話をしましょう。まずは、医師ですが、基本的にいません。提携している医療機関が近所にあったり、ちょっとランクの高い物件であれば、館内や敷地内に診療室があったりもしますが、一般的な老ホに医師はいないと思っていればまちがいはありません。月に一度程度、提携医師が健康管理のために様子を見に来てくれるというイメージです。実際に医療機関の受診が必要になったときは、家族にその旨連絡が来て「人手が足りないから職員は付き添っていけない。ご家族のほうで対応してください」とか、「どうしてもご家族が対応できない、職員に同行してほしいというのなら、別途料金が発生しますが、よろしいですか？」という流れになるはずです。

そして看護師。日中の時間帯は、看護師がひとり居ます。夜間はまず居ません。やはり、ランクが上の物件になると、看護師の夜勤を置いている確率が上がっていきます。でも、夜間は介護職だけと考えていたほうがまちがいないと思います。

2015年の秋には、介護業界全体を揺るがす大事件が発覚しました。Sアミーユ川崎幸町の介護職員によって、入所者3人の命が奪われました。思うように言うことを聞いてくれない無抵抗の要介護高齢者をつぎつぎとベランダから転落死させたという悪夢のような事件でした。Sアミーユの経営をしていた株式会社メッセージは、この事件を受けて、早々に損保ジャパン日本興亜ホールディングスに会社を丸ごと身売りし、介護業界の表面から姿を消しました。なんというか、あまりに手際のよい幕引きでしたね。今は、損保ジャパンが「SOMPOケアネクスト」なる介護会社を立ち上げ、メッセージが展開していたSアミーユ（老ホ）とCアミーユ（サ高住）の合わせて330超の経営を手がけています。

なお、損保ジャパンは、2015年の暮れに、ブラック企業と取り沙汰された「ワタミの介護」も買収しています。ワタミに続きメッセージをも買収することで、損保ジャパンは一気に、ニチイ学館に次ぐ介護業界ナンバー2に浮上します。

ちなみに、SOMPOケアネクストは、おむつゼロ、特殊浴ゼロ、経管食ゼロ、車椅子ゼロという、介護現場をまるで理解していないとしか思えない、非現実的な「4大ゼロ」の実現を目指すと豪語して、介護現場の大ひんしゅくを買っています。

Sアミーユに話を戻すと、その後の調査委員会の調べで、入所者3人を転落死させただけにとどまらず、過去の暴行・虐待・窃盗も続々と発覚しています。さらに、こうした不祥事は川崎幸町の物件のみならず、神奈川県横浜市と東京都三鷹市の別施設でも確認されました。大阪府豊中市で運営する施設では、30代の男性職員が入所している70代女性の首を絞めるなどの虐待をし、負傷させていたことが判明しました。

こうした事件が出てくるほどに、入所者の家族側は老ホに人質を取られているようなもので、苦情や文句を言ったら親が何をされるかわからないという弱みがあって遠慮してしまいがちです。あまり強く言えない。居室に隠しカメラでも設置しないことには、こわくて肉親を住まわせることができなくなってしまうと思うのです。強い不信感を拭い去ることができません。

NPO法人「二十四の瞳」では、Sアミーユ川崎幸町での介護殺人事件を受けて、今春、100名の現場介護職にヒヤリングを行いました。テーマは『介護現場の課題』というもので、そこに今回の事件に対する感想コメントを書いてもらいました。

そのなかで強烈な印象として残っているものがあります。それは、「あってはいけないこと」という声が大勢を占めたものの、半数以上の人が漏らしていたこんなコメントです。

「自分が加害者になる前にこの仕事を辞めたい」

つまり、かなりの介護職が、利用者に対して殺意や敵意を抱いてしまう場面に遭遇したり、負の感情を抱いてしまう利用者がいたりするということです。ほとんどの介護職が感じているけれど口にできないタブーだと考えていいでしょう。

介護現場の改善が語られるとき、こうした本音（あるいは潜在的な意識）はほとんど触れられることがありません。指摘されるのは、業務や待遇や職場の意識改革といったきれいごとばかりです。

しかしながら、ヒヤリングを通じて認識させられたのは、そもそも介護の仕事は本当に４Ｋ（キツい、汚い（くさい）、危険、給料安い）であること。にもかかわらず、現場に無知な経営上層部は箱モノの数を増やすことしか考えておらず、介護現場でのヒトの確保と育成がまったく追いついていないこと。このふたつでした。

現場を知らない経営陣、経営陣に評価されたいがために現場を軽視する現場責任者、疲弊する現場の介護職。こうした職場環境のなかで、ピュアな介護職ほど、志の高い介護職ほど、スキルの高い介護職ほど、自己矛盾に対処できずに離職・転職をくりかえしているように感じています。どう考えても納得のいかない職場に居残るのは、どちらかと言うと、介護への思い入れが希薄であったり、問題意識・危機意識が希薄であったり、技術的に未熟であったり……。そんな職員であるような気がしてならないのです。だからこそ、そういう職員が大勢を占めている老ホには、自分の親を入れたくないと思います。

安倍政権が『介護離職ゼロ構想』を唱え、2020年までに要介護高齢者の受け皿として介護施設50万人分を整備するとアドバルーンを上げたことで、3大メガ損保をはじめ、大手介護チェーンがこぞって積極戦略に舵を切り、拠点拡充に驀進しています。「新・3本の矢」ですっかりソノ気になってしまったようです。

いま、私はとても不安な気持ちに襲われています。なぜか、非常に怖く感じています。そして、私どもに相談を寄せてこられる人たちには、何があろうとも、大手介護チェーンが展開する物件（老ホ、サ高住）だけはお薦めしないつもりです。

老人ホームをお薦めしない理由

① 昔からなくならない入居金返還トラブルの多さ

②　時代にそぐわない高額な入居金
③　Sアミーユ事件にみる夜間人員体制の不安
④　狭い居室（サ高住18㎡以上に対して13㎡以上）
⑤　大手チェーンに見られる商売至上主義

どこよりも高い老健の看取りのコスパ

この章では、世間一般では「終のすみか」の３つのモデルと称されている、特養・サ高住・老ホの、それぞれのリスクについて私の本音で書いてきました。そのうえで、この本の結論をもう一度、繰り返しておきます。

いいですか？

老親の介護問題で苦悩されている読者のみなさんのために……、結論です。

介護の問題でお悩みなら、迷うことなく老健に入れましょう。終のすみかとしては断トツに良いです。ベストです。大切な親御さんのさいごの生活が、実に安らかで穏やかなものになるはずです。特養や大手チェーンのサ高住なんてやめたほうがいい。これはもう、偽らざる本音です。老健は、値段こそ特養よりもちょっとだけ高くなりますが、安心度と快適度ははるかに勝ります。

老健なら、あなたの大切な親御さんが最後の最期まで暮らす場所として、他のどの施設よりも格段に高いコストパフォーマンスを手にすることができます。

そんなすばらしい、まさに薔薇色の老健に、どうすれば老親を託すことができるのか。そのための実践的で具体的なお作法について、次の章でくわしくご紹介します。このとおりにやってみてください。本書でもっとも重要なところです。自治体の窓口でも、かかりつけ医やケアマネジャーでも、地域包括支援センターでも、だれもこんなアドバイスはしないと思います。他に類を見ないマル秘情報を、自信を持ってお届けします。

第4章

介護地獄から脱出するための7つのステップ

介護地獄脱出の3原則

ＮＰＯ法人「二十四の瞳」には、さまざまな相談を受け、それに対応するなかでスタッフが判断に迷った時のために、「救済3原則」というのがあります。要は、老親世代もお子さん世帯も、できれば両方とも助けてあげたいけれど、実際にはそれはむずかしいということだって多々あるわけです。そんなときは、つぎの3原則に従って行動するようにしているのです。

・本人よりも家族（家族優先）
・本人から離れる（両者分離）
・在宅よりも施設（即、施設）

ここ数年の間に急増している「老親や配偶者の認知症問題」。このケースは、だいたい同居している家族が限界まで追いつめられてしまっています。老親への愛情ゆえに、自分でできるところまではなんとかやろう。そんな思いが強いのだと思います。

でも、認知症を患った老親や配偶者に、その思いが届くかどうかは誰にもわかりません。届いているのかもしれませんが、問題行動が出てしまったら、やはり閉ざされた狭い空間の中で顔を突き合わせながら暮らしていくというのは、ちょっと無理があると思います。

そんな場合には、共倒れになってしまう前に、つらいかもしれませんが距離を置くべきだというのが私どもの考えです。

ご家族の方は、よく「うちの親（配偶者）は集団生活などできっこない」とおっしゃるのですが、意外とそんなことはありません。思いもかけないほどにあっさりと、病院や施設に溶け込んでいくものです。それが、看護や介護のプロのなせる業なのかもしれません。もちろん、薬の効用も大きいとは思います。

この本のテーマである、介護地獄から脱出するための最強シナリオは、「もの忘れ外来→認知症病棟→老健」です。

もちろん、ダイレクトに老健に申し込むという方法もないわけではありません。しかしながら、入所判定審査会（または判定会。施設長である医師の他、事務長・看護師長・介護支援専門員・介護サービス提供責任者等が出席し、入所申込者の入所の可否について判断するもの）を確実にクリアするためには、やはり病院からの紹介状やソーシャルワーカー間の情報交流があることが望ましいでしょう。それに、そもそも、要介護度認定申請の段階で主治医の所見が必要になりますから、どちらにしても、いったん病院を外来受診しておくほうが合理的だということです。

最終ゴールである老健への切符を手にするまでの流れは、全部で7ステップ。これを社会福祉士等のプロに頼めば、早ければ2週間、遅くとも30日あれば、あなたは平穏な日々を取り戻せると思います。ご自身で実行しようとするのであれば、おおむね90日あればゴールにたどり着けるのではないでしょうか。

それでは、いよいよ、介護地獄から脱出するための最強シナリオについて詳しく説明していきます。

本気で介護問題をなんとかしたいとお考えなのであれば、介護している家族を本気で救おうと思うのであれば、目を凝らして熟読してください。生半可な気持ちで文字だけ追っていたのでは、実際にその場面に対峙したときに、ご自身の窮状が相手に伝わりません。

７つの場面ごとに、臨場感を持って、イメージトレーニングをしながら読んでください。

極端な言い方かもしれませんが、いざ本番ともなれば、「演じる」くらいの意識が必要です。リハーサルくらいのことはすべきだと、私は本気で考えています。

まぁ、もしも、どうしても不安だとおっしゃる場合には私どもが代行します。でも、問題解決の実戦的な流れだけは、心の底から理解していただきたいと思っています。

それでは始めましょう。

30日で介護地獄から脱出するための7つのステップ

ステップ1 「もの忘れ外来」を受診する

お住まいの近隣で、「もの忘れ外来」があり、かつ、入院病棟のある病院を探して、予約を入れます。「もの忘れ外来」は、通常は予約制となっています。大盛況の診療科なので、ちょっと待たされる可能性はありますが、そこはひと踏ん張り、「どうしても、一刻も早く診ていただきたい。家族がもう潰れてしまう。限界まで追い込まれているんです！」と訴えてみてください。前倒ししてもらえる、可能性が出てきますので。

初診時には、老親の言動について、あなたが「あれっ、何か変だな……」と思ったことを紙に書いて持っていくようにしてください。時系列的に、可能な限り正確な日時を盛り込むように。あと、本人の既往歴と、現在服用している薬があれば併せて持参します。「おくすり手帳」があれば、それを持っていけば事足ります。

おそらく本人は、医者のもとへ出向くことを拒絶するかもしれません。しかし、そこだけは、何とかご家族で作戦を立てて突破してください。というのも、私どもでは認知症の方のためのカウンセリング（リラックスしていただき、円滑な通院への流れをつくる）も行っているのですが、追加の費用が発生してしまうからです。それでも……と、依頼される場合も多いのですが、ともかく一度は試してみてください。

本人をうまく連れ出すためには、たとえばこんなふうに声をかけてみてください。

「お父さん（お母さん）にはまだまだ長生きしてもらわないとね。そのためには、状態を維持するために最低限の検査とお薬はがまんしてくれないと。お父さん（お母さん）だけの問題じゃないんだからね。わかってくれるでしょう？」

「主治医の先生が紹介したいお医者さんがいるって言ってくれてるんだ。ありがたいことだよね。ちょっと顔を出す程度だから、行ってみようよ。お医者さんも十人十色だろうからね。いろいろ会ってみるのもいいんじゃない？」

「検査だけは受けておかないとダメだよ。私たちはがんばって仕事してるし、子どもたちはがんばって勉強してるんだから、お父さん（お母さん）は健康管理にがんばってくれないとさ。そこをわかってくれるとうれしいな」

要は、ご高齢の方がもっとも敏感な「自尊心」。これを土足で踏みにじらないことです。齢を重ねるほどに、人は理性が弱くなり、子どものころに返っていくものです。ならば、読者のみなさんのお子さんたちがまだ小さかった頃のことを思い出してください。無償の愛を注ぎながら言葉をかけたのではありませんか？

人は誰しも、他者から「ほめられたい・好かれたい・必要とされたい・信頼されたい・期待されたい」という根源欲求を持っています。お父さん（お母さん）もきっと同じです。そこを突くようなアプローチが必要です。まちがっても、強引な、お説教的な声かけをしないように気をつけてください。

お父さん（お母さん）のこころに、『そうだよな。子どもや孫たちのためにも検査だけは受けておくか』という気持ちを喚起させられるかどうか。ここが、首尾よく受診させられるかどうかの分水嶺だと思って誠意をもって向き合ってほしいものです。

さて、ここからが大切です。うまい具合にお父さん（お母さん）が納得されて、もの忘れ外来のドアを叩いたとしましょう。

おそらく医師は、「長谷川式認知症チェックテスト」という、簡単なクイズ形式の判定法を使って診察すると思います。併せて、ＣＴやＭＲＩも撮るはずです。

いずれにしても、淡々と所見を述べてくるはずです。しかし、変な話なのですが、それ以上でもそれ以下でもなく、「薬を出しておきますので、また一ヵ月後に来てください」となる可能性が高いです。

要するに、レントゲンの結果、脳の萎縮が思いのほか少なかったりすると、医師は焦って確定診断を下さないものなのです。しかし、それではあなたは困ります。そのまま、「はい、そうですか」なんて言って引き下がってはいけません。

認知症の確定診断があろうとなかろうと、そんなことは二の次です。あなたやご家族が、老親の言動ゆえに、日々困惑して苦悩していることを伝えなければなりません。

認知症の初期の場合、初対面の相手やはじめての場所などでは、本能的に気丈に振る舞うということがかなりあるものです。そうなると、医師に逼迫感が伝わらないわけです。ですから、窮状を訴えようとするあなたの発言を遮ろうとするかもしれない老親を診察室の外に出してでも、医師と差しで会話しないとダメです。そういう意味では、ご夫婦揃って、あるいはお孫さんも一緒に、等々、複数で付き添っていくことがお奨めです。お父さん（お母さん）をひとりぼっちで待たせておくのは不安がありますからね。

いずれにせよ、医師に対して、そうしてＳＯＳを言葉と態度にして明確に伝えない限り、つぎのステップへは進めませんから、十分に注意してください。

老健入所までの７ステップ

STEP1　精神科「もの忘れ外来」受診

▼

STEP2　医療相談室でMSWとの面談

▼

STEP3　認知症病棟への保護入院

▼

STEP4　入院30日経過面談

▼

STEP5　入院60日経過面談

▼

STEP6　MSWより老健の紹介

▼

STEP7　老健の入所面談

ステップ2　医療相談室のMSWと面談する

どうにかあなたの苦しみが伝わったとすると、医師は言うでしょう。

「そういうことでしたら、一度、医療相談室に相談してみてください」

医師は電話で段取りすると、あなたに医療相談室の所在を教えるでしょう。そこであなたは、ＭＳＷ（メディカル・ソーシャル・ワーカー）なる職員と面談することになります。

そこでは、診察室で医師と向き合っていた時間と比べれば、たっぷりと話を聴いてもらえますから、いかに老親または配偶者の問題行動に悩まされているか、それが仕事と家庭にどのような不具合をもたらしているか、実の親（または配偶者）に対してどんな感情を抱いているか等々を、ちょっと大袈裟くらいに訴えることが大切です。相手が女性であれば特に、です。

そして、さいごにこう言ってください。

「何とか自分のできるところまではやってみようと思ったのですが……。もう限界です。仕事も家庭も滅茶苦茶になってしまって、自分がなにか良からぬことをしてしまいやしないかと……不安でならないのです。緊急避難的な意味合いで、少しの間、入院させてくれるところなど、ないものでしょうか？」

いいですか。ここはとっても重要なところです。

このMSW、「ただの相談係だろ」なぁ〜んて、軽く見てはダメです。こと入院病棟のMSWというのは、あなたの今後の浮沈を握っているといっても過言ではありません。

というのも、入院病棟では、定期的に入退院判定会議というのをやっています。限りあるベッド数です。だれを退院させて、だれを入院させるのかを関係専門職で協議して決定するための会議です。認知症病棟は人気が高いです。競争が激しいです。順番待ちを飛び越えて、一日でも早く入院の権利をゲットしなければなりません。で、入退院判定会議の場で、あなたの親御さんを入院させるべきだとプッシュしてくれる存在、それが他ならぬＭＳＷなのです。

肝に銘じてくださいよ！　本当に重要なのでしっかり理解してください。毎週一回の頻度で開催されるこの会議に出席するのは、入院病棟の医師のほか、看護師長、看護課長、管理栄養士にＯＴ・ＰＴ・ＳＴ（いずれもリハビリ系の専門職）、ケアマネジャー、介護系のフロアリーダー。場合によっては事務長。そしてＭＳＷです。

医師をはじめとする専門職というのは、検査データ等、科学的根拠に基づいて意見を言うわけです。これに対して、唯一、あなたと接点を持ち、あなたの置かれた苦境に感情移入して、唯一、情緒的な側面から意見を言ってくれる人。それがＭＳＷなのです。

だからこそ、あなたは絶対にＭＳＷを味方にしなければならないのです。嫌われないまでも、「この人……、なんかなぁ～」などとネガティブな印象を与えてしまったら元も子もありません。医療相談室に配属されているＭＳＷは、チーマンだとしっかり覚えておいてください。

そういった意味では、初回面談のとき、スーツをビシッと着こなして仕事できそうオーラを出していたり、逆にチャラチャラとした軽い感じを出していたり……というのは考えものです。はじめてMSWの前に登場したあなたを見たとき、どんな第一印象を与えたいのか。そこを考えておく必要があります。いや、もっと言えば、あなたを見てどう感じてほしいのか。MSWの胸中にどんな感情を抱かせたいのか。そこから逆算したビジュアルとデリバリーとシナリオを考えて演じる必要があります。

『まあ。そうとう追いつめられている感じね。何とかしてあげなきゃね』

そう思ってもらいたいということです。そんな感情が掻き立てられるような立ち居振る舞いをしたほうが得策だということです。

もちろん、あなたの置かれた状況が、本当に切羽詰まったものだとしたら、自然とそれは相手に伝わる確率が高いです。でも、いざその段になって、緊張のあまり、思いを十分に伝えられなかったという相談者がいることも、また事実なのです。それはちょうど、診察室で医師と向かい合った後期高齢者患者が、うまく真意を伝えられないのとよく似ています。しっかりと対処してください。

「入院待ちの患者さんも多くいるのですが……。この場でどうなるかを明確にお伝えすることはできませんが、入院に向けて検討してみましょう」

こんな趣旨のコメントを引き出せたら大成功です。あなたの思いの丈がＭＳＷにきちんと伝わったとしたら、事態は好転するはずです。もしも、その場で認知症病棟の空き状況を確認してくれたならしめたものです。空き状況によっては、何日か待たなければならないし、もしかしたら、一ヵ月後の外来受診まで我慢しなければならないかもしれません。しかし、必ず前には進みます。その病院ではなくとも、別の病院と情報交換して、入院可能なところに繋いでくれることもあります。

老健入所までの7ステップ

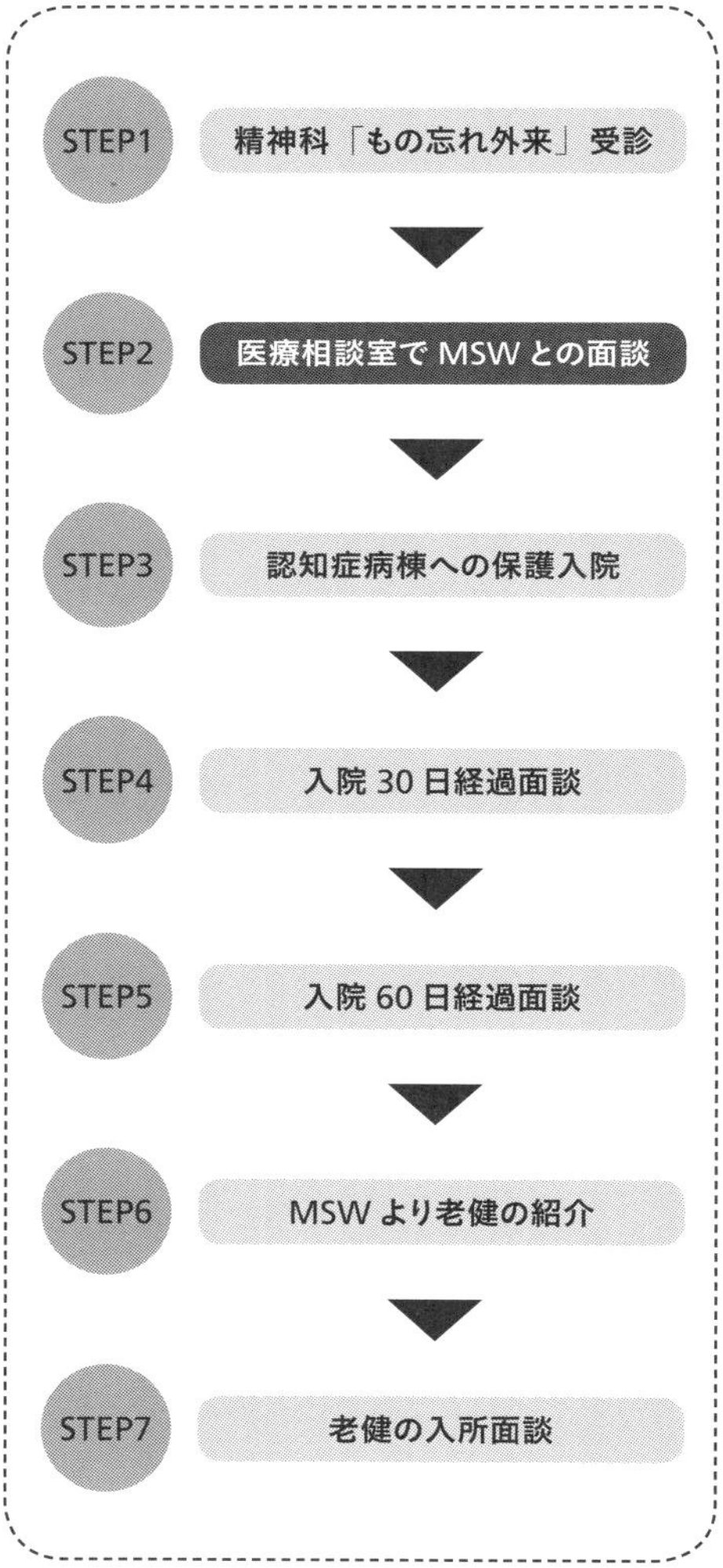

ステップ3 「認知症病棟」に入院する

これまでの経験則から、医療相談室のＭＳＷとの折衝がうまくいけば、一週間以内にあなたのもとへ、具体的な入院日程の連絡が入るはずです。もう、あと一歩のところまで来ています。

ところで、多くの場合、認知症の本人は、はじめは入院などイヤだと駄々をこねるものです。しかし、ここは心を鬼にして、とにかく前に進みます。入院当日というのは、だいたいは外来診察から入院病棟へと引き継がれていくものです。あなたが保護入院の手続き（この書面は直系のお子さんの捺印が必要。これだけは、私どもで代行できません）を行うのと並行して、本人は診察室に入るや薬で眠らされ、移動式寝台で病棟へ運ばれます。あなたもそれに付き添う形で認知症病棟に同行します。入院病棟では、医療相談室のＭＳＷとはまた別の相談員なる職員が登場してきます。そして、入院やら面会やらに係るルールの説明等がなされた後、あなたはこんな質問をされるはずです。

「通常、認知症病棟への入院は、２ヵ月から３ヵ月となっています。退院後の具体的なことは、何か考えていらっしゃいますか？」

ここであなたは、こう答えるようにしてください。

「はい。やはり、自宅で一緒にということは無理があると思いますので、老人ホームかグループホームを早速さがしはじめるつもりです。できればこの近くで、どこか良いところがあれば教えていただけると助かります」

つまり、早急に終のすみかを探して、なるべく早く病院を出ていきますよ、というポーズを示すことが重要なのです。病院というのは、ある患者に3ヵ月以上、居座り続けられると収益が落ちてくるので、どんどんベッドを回転させたいのです。

とはいっても、業務の特性上、嫌がる患者を力づくで追い出すこともできないので、規定の在院日数できっちりと退院する方向で動いてくれそうな家族には好感を持つわけです。

まちがっても、「できれば、可能な限り、1日でも長く入院させておいてほしい」などと言ってはダメです。口が裂けても、です。いくら本音はそうであっても、です。いくらあなたが「正直」をポリシーとして生きてきたとしても、です。

入院待ちの患者がうじゃうじゃいます。病院にとって望ましい新規の患者と入れ替えに退院勧告を受けるのは、やはり、扱いづらい患者や家族なのです。

「もちろん３ヵ月で出ますよぉ〜」オーラを漂わせること。これが大切なのです。

あと、ひとつだけ。

いくら問題行動を伴う認知症を発症したからといっても、やはり、あなたを産んで育ててくれた大切なお父さん（お母さん）です。入院直後は、どうして過ごしているかと思いを巡らせてしまうものです。そこで多くの方は間髪いれずに様子を見にお見舞いに出向くわけです。しかし、入院生活という新しい環境に慣れようとしている途上で息子や娘と面会してしまうと、突如、「わたしもうちに帰る！　もうこんなところはイヤっ！」となってしまう可能性があります。

なので、ここはグッとこらえて、入院から一週間は面会に行かないのが得策だと思います。それ以降の面会は、お父さん（お母さん）はすでに入院生活に適応している確率が高いです。「家に帰りたい症候群」は収まっているので好きなお菓子でも持って行ってさしあげるといいと思います。

老健入所までの7ステップ

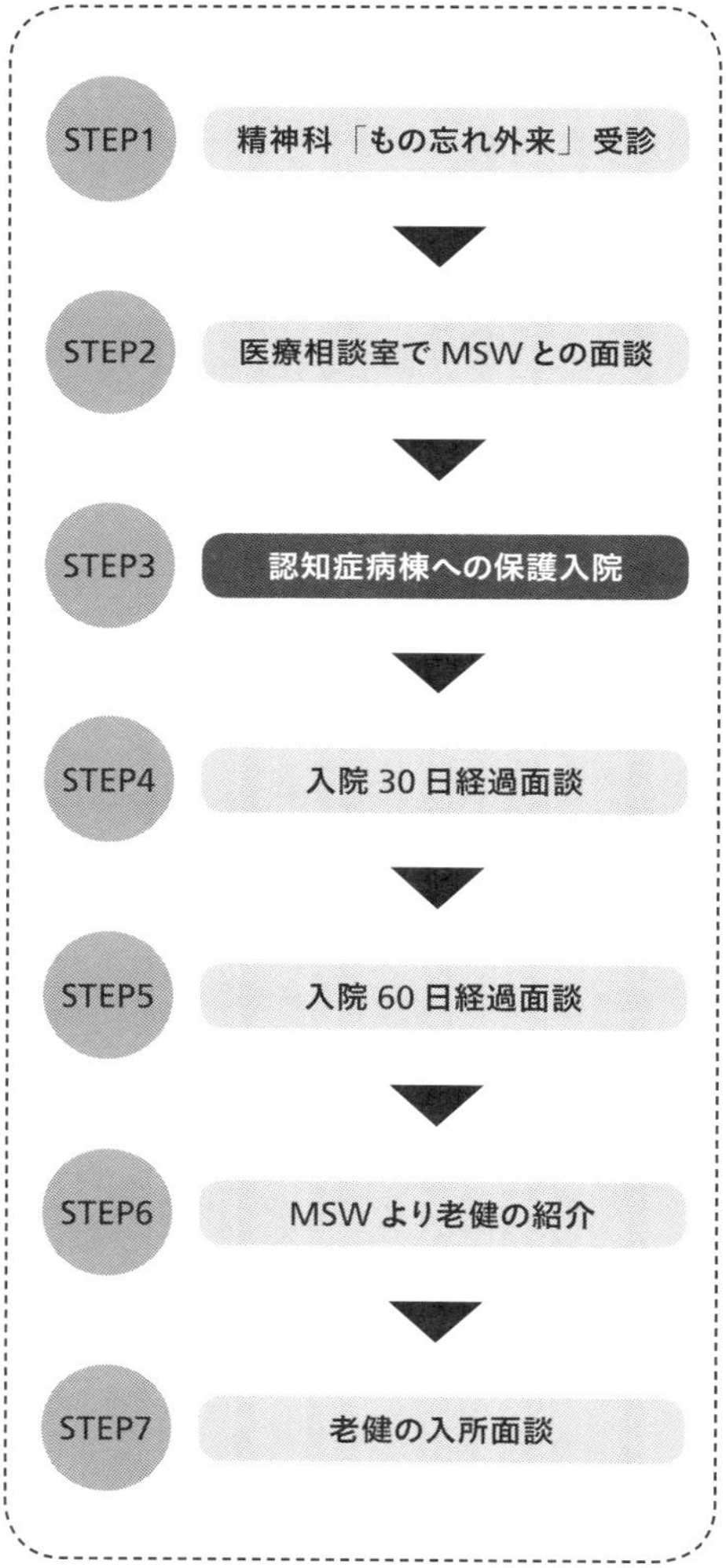

ステップ4　入院30日経過時点の面談に臨む

おおむね一ヵ月が経過すると、ご家族に本人の院内での様子をフィードバックするための面談がセットされます。実際は、次の施設探しの進捗をチェックされると思ってください。

ここで、あなたは、仕事の合間を縫って必死に探しているものの、なかなか条件に合うところがなくて困っている、特に、こんなに費用が嵩むものだとは思っていなかったのでビックリしている……的なムードを醸し出すようにしてください。

相手は、「どのあたりでお探しですか？」とか、「失礼ですが、ご予算的にはどれくらいを想定していらっしゃいますか？」などと訊いてくる可能性が高いです。そのときは、「なるだけ住み慣れた地域に近いところで」「月額20万円は超えないのが理想」と答えます。つまり、現実的にあり得ない話をあえてするということです。都会になればなるほど、公的施設を除くと、月額20万円で暮らせるような物件はないのです。公的施設とはいっても、もっとも安価な特養は「全国で52万人待ち。順番待ちは3年以上」とか喧伝されていますからね。まぁ、ふつうに考えたら出口が見つからない。それが現在の高齢者福祉のインフラなのです。

さて、面談のさいごはこう結びます。

「なんとか、入院60日を目途に、もっと範囲を広げて、週末に田舎のほうとかも見学に行ってみるつもりです。また、適宜ご報告させていただきます」

こころから申し訳なさそうに言ってください。そして、いつもよくしてくれている職員の方々に対するお礼も忘れないようにしてください。

老健入所までの7ステップ

- STEP1　精神科「もの忘れ外来」受診
- STEP2　医療相談室でMSWとの面談
- STEP3　認知症病棟への保護入院
- STEP4　入院30日経過面談
- STEP5　入院60日経過面談
- STEP6　MSWより老健の紹介
- STEP7　老健の入所面談

ステップ5　入院60日経過時点の面談に臨む

そろそろ、病院側もこちらの動向に対して関心が高まってくる頃です。「もうそろそろ、次の行き先、決まったの？」といった具合です。

この時点では、かなり具体的な地名や物件名を出して、「だいぶ精力的に範囲を広げて本気で探しているんだなぁ～」という印象を持たせることが重要です。でも、帯に短しタスキに長し……といった感じで、これといった決定打に行き当たっていないもどかしさ。それを前面に出します。

そして、頃合いを見て、こう訊いてみましょう。

「あのう。もちろん、継続して探して、なんとか手を打とうとは思っているのですが……。仮に３ヵ月経過時点で、次が決まっていなかったとしたら……。実際問題、どうなってしまうのでしょうか？」

ここで、気の利いた相談員なら「行き先が確定するまでの繋ぎとして、老健という中間施設にいったん入所する」というオプションを出してくれることが予想されます。が、おバカ、あるいは、あなたの切羽詰まった状況が相手に伝わっていなかったとしたら、「そうですねぇ。うちも入院待機者がたくさんいるものですから……」と言ってダンマリを決め込むか。いずれかでしょう。

その場合であっても、あなたは凛としてこう告げてください。

「とにかく、できる限り早期に確定させてご連絡します。明日から、会社のほうも休みを取ってますので、もっといろいろと廻ってみるつもりですので。ご迷惑をおかけしますが、どうか父（母）をあと少しだけ、よろしくお願い致します」

ご家族も必死なんだな……と思わせることです。

ここまでいくと、相手は次の面談を持ちかけてくるか、「いついつまでに状況を教えてもらいたい」などと言ってくるはず。あなたはそれに従えばいいだけの話です。

老健入所までの7ステップ

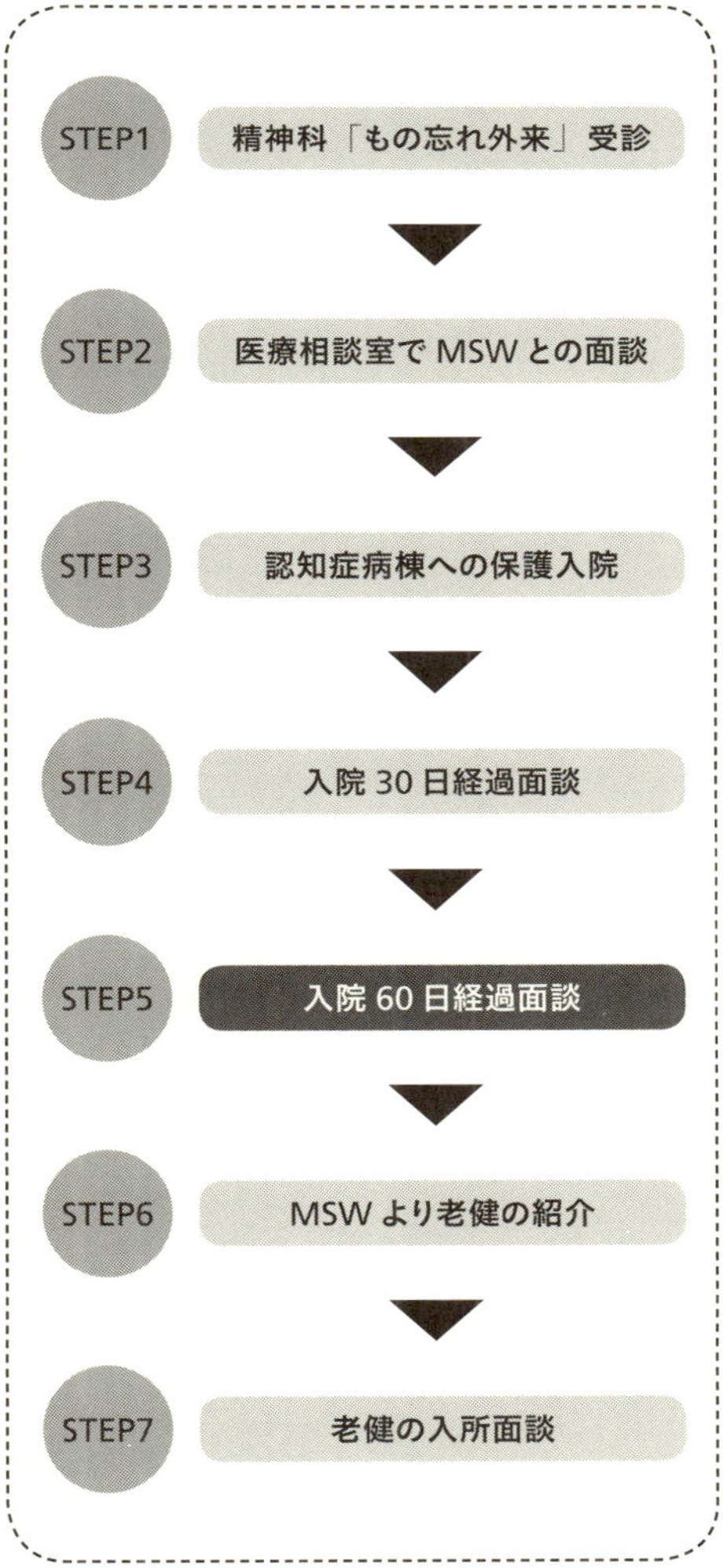

ステップ6　最終面談で老健を紹介してもらう

入院から2ヵ月半程度が過ぎると、やはり病院側は方向性を決めにかかってくるのが一般的です。例外的に、病院側からは何の圧力もないままに、6ヵ月近く入院したケースも散見されますが。ここで、あなたははじめて、神妙な面持ちで老健の話を切り出します。

「実は、先日、役所の介護保険課に相談に行ったのですが、そこで『老健』という話を教えていただきました。最終的に、どうしても適当な物件が見つからなかったとしたら、老健で時間稼ぎをするしかない……みたいに言われたのですが……」

こうして具体的に老健の話が出てくると、病院側の相談員もいよいよ老健についてガイドをはじめると思われます。そのなかで、「在宅復帰のリハビリ施設であって生活の場ではない」とか、「基本的に3ヵ月しか居られない」だとか、言ってくるはずです。

でも、そんな話はスルーして構いません。神妙にうなずいたり、あいづちを打ったりしていればいいだけです。肝心なのは、病院側から、具体的な老健の名前を提示してもらうことです。ふつう、どこの病院でも老健とのチャネルは必ずあります。同系列のグループ内に老健を持っているところだってあります。逆に言えば、最初から戦略的にそういう病院のもの忘れ外来を受診するという技もアリですよね。

さぁ、勝負どころです。おもむろに訊いてみましょう。

「こちらの病院がおつきあいのある老健……というのもあるのでしょうか？」

ないはずはありません。「一応……」とかなんとかもったいぶりながら、いくつか老健の名前を出してくるはずです。そうしたら、すかさず畳みかけてください。

「ぜひご紹介してもらえませんか。急に施設探しとかやることになって、いろいろわからなくて手間取ったりしましたけど、あと３ヵ月あれば何とかなると思うんです。最悪の最悪、九州のほうとか行けば、かなり費用も抑えられそうなんで。あと少しだけ、猶予期間をいただけると、本当に助かります。何とかお願いします」

あなたが深々と頭を下げるのを見て、きっと相手は満足げに言うはずです。

「わっかりました。事情は理解しているつもりですので、ちょっと老健のほうに訊いてみましょう。空きがあるといいのですが……」

心配無用。空き、あります。大丈夫です。これまでの、あなたと相談員との関係性にもよりますが、相談員が「確認してみる」と言っておいて「ダメでした」となることは99%ありません。本当に空きがなかったとしたら、入院期間を延ばしてくれる可能性さえあります。大船に乗ったつもりで相手の返事を待っていれば大丈夫です。

老健入所までの７ステップ

STEP1　精神科「もの忘れ外来」受診

▼

STEP2　医療相談室でMSWとの面談

▼

STEP3　認知症病棟への保護入院

▼

STEP4　入院30日経過面談

▼

STEP5　入院60日経過面談

▼

STEP6　MSWより老健の紹介

▼

STEP7　老健の入所面談

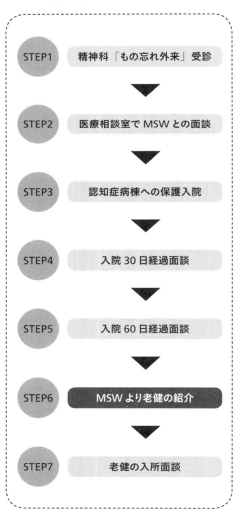

ステップ7　老健で入所手続きをする

おそらく、数日以内に相談員から連絡が入るはずです。お父さん（お母さん）を受け入れてくれる老健の具体的な名前と、具体的なスケジュールを教えてくれます。場合によっては、一度、その老健に出向いてもらいたいとの旨、リクエストされることもあります。

ともかく、相談員に対して、全身全霊で感謝のメッセージを伝えてください。そういうもので世の中は円滑に回っていくものなのだと思います。

さあ。おめでとうございます！　ここまできたら、もう心配は要りません。一応、老健の相談員が施設内を案内してくれたあと、事務手続きについてガイドしてくれるはずです。

そのなかで、「3ヵ月ごとに在宅復帰判定委員会というのがあって、症状に改善が見られて、ご自宅での生活も可能と判断された場合には……」などと説明があるかとは思います。しかし、あなたはただ、フンフンとうなずいているだけでOKです。

なんの問題もありません。認知症は改善しませんから。それだけでなく、ご本人やご家族の合意なしに退所させることはできないと、介護保険法で規定されていますから大丈夫です。晴れて老健に入ってしまえば、もう一件落着です。これであなたは、親御さんのために、超安価な費用負担で、老ホ・グルホ・サ高住よりも、そして、全国で52万人もの人たちが懇願している特養なんぞよりも、もっともっと安全で快適な暮らしを確保できたことになります。

老健入所までの７ステップ

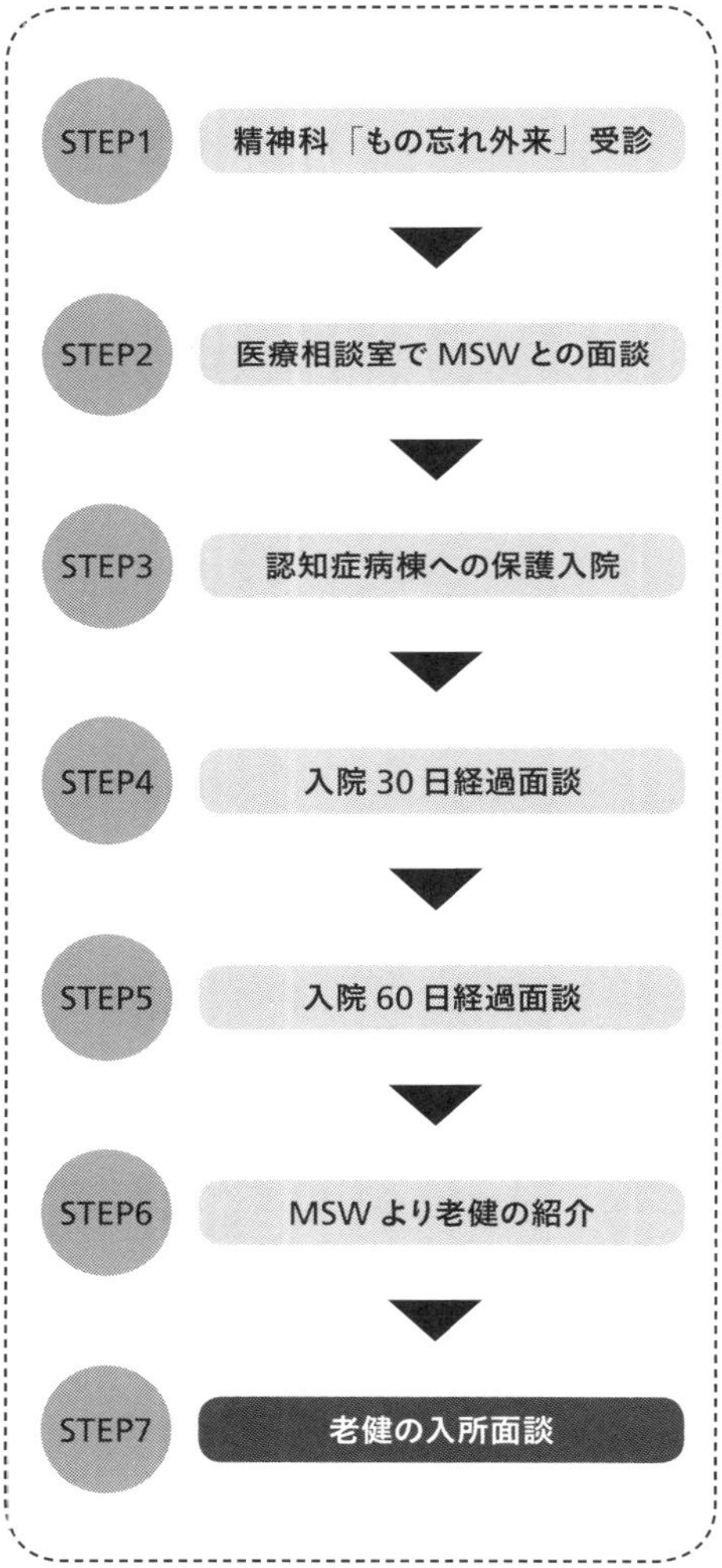

自宅からダイレクトに老健入所を申し込む方法

さて、もっともスムーズに老健へたどり着くためのステップは、先述の通りです。ちょっと自分には荷が重いなぁ〜。そうお感じになられる読者もいると思います。でも、老親問題を抱えながらの毎日が本当につらいのであれば、これくらいのことは死ぬ気でやってもらわなきゃ困ります。できないというのであれば、あなたはまだ、そこまで限界には追い込まれていないということです。そうでしょう？

誤解されてしまっては困るので、念を押しておきます。

老親の介護問題を抱えて非常事態に追い込まれている現役世代がとても多いように感じています。専業主婦であれば、そんな困った状況を夫にうまく伝えられなかったり、伝えたとしても夫が真摯に受けとめてくれなかったり……。そうこうするうちに、こころを病んでしまったり、夫婦や親子の関係が崩れ始めてしまったりすることが本当に多いのです。特にここ2〜3年、とても増えてきていることを実感しています。

しかし、どこかで、その窮状をだれかに伝え、そして理解してもらわない限り、出口のない老親問題から逃れることはできないのです。不安やちゅうちょがあるのは当然です。それでも、そこをおしてはじめの一歩を踏み出さないと、取り返しのつかないことになってしまいます。介護の問題は、ただ待っていても何も変わりません。それどころか、状況は日に日に悪化していくものなのです。

ですから、お伝えしてきた7つのステップは、「読者のみなさんが抱えているつらく苦しい思いをそのまま正直にストレートに口に出してください」ということです。決して、大袈裟に演技をしろと言っているわけではありません。

ここのところをしっかりと再認識していただいて、一日も早く、はじめの一歩を踏み出す勇気を持ってほしいのです。ただそれだけを願い信じて、少しでも実際的で具体的なイメージを描いていただけるように綴ったつもりです。

でもまぁ、どうしても不安だというのであれば、私どもにお気軽に仰ってください。キッチリとサポートさせていただきますので。

さて、さいごに、自宅療養からダイレクトに老健を申し込む場合の流れについてお話ししておきましょう。

老親を老健に入れようと思うのであれば、まずは要介護認定を受ける必要がありま す。これを取得した上で、ピックアップした老健に直接申し込みます。この手続きについては、今回は割愛します。区市町村の介護保険課に、あるいは、私どもの事務所にコンタクトしてください。

で、老健に入れるのは、要介護１以上の人だけです。それと、病状が安定していて通院が不要なこと。胃ろう造設はＯＫです。

申し込み方法は、電話で問い合わせるだけではダメで、とにかく一度、直接施設を訪問する必要があります。その際に、老健の支援相談員等が申し込みや書類記入の仕方などについて、詳しく教えてくれます。もしも、遠距離等の理由で訪問が難しい場合は、申し込みに必要な書類を郵送してくれますので、遠慮せず依頼してください。

申し込みに必要な書類は、「施設利用申込書」、「健康情報提供書（健康診断書）」。その他に、入所する本人の介護保険証、あなたの本人確認ができる免許証やパスポート、認印。もしも「限度額認定証」（あなたの親御さんが市民税非課税で年収80万円以下であれば、月々の介護費の自己負担が上限1万5千円で済む）を取得している場合には、持っていってください。

なお、病院や医療施設、また他の施設からの転院などの場合は、他に、患者情報提供書、看護記録等、必要なものを病院側に作成してもらって提出します。

この時、「要介護認定調査時控え」（要介護認定を申請した後で、ケアマネジャーが聞き取り調査に来た際に置いていく書類）を用意してください。

必要書類に記入した後、施設への申し込みになりますが、この際、面接の予約をすることになります。要は、老健側があなたの老親を入所させるかどうかを決定する上での判断材料を収集するために、本人およびご家族のヒヤリングを行うという意味です。

面接では、必要なリハビリや介護などの確認をします。理学療法士や作業療法士によって状態などを確認する施設もあります。ここでは、本人の心身状態に加え、老親問題を抱えたご家族が、いかに窮地に追い込まれているかを語る必要があります。やはり、客観的データのみならず、同居家族の限界状況を伝えることで、老健側に情緒的な支援意欲を掻き立てることが望ましいのです。先述したＭＳＷとの折衝場面をそのまま使えば大丈夫です。

面接後、老健側では、介護スタッフや医師、看護師、理学療法士、管理栄養士、作業療法士などで協議を行い、あなたの親御さんの老健入所の必要性や、どういった介護やリハビリが必要となるかを検討し、入所の可否判定を行います。入所という決定がなされた場合、いつからの入所になるか、など細かい打ち合わせに入ります。

以上が、介護老人保健施設の一般的な申し込みの流れとなります。

第5章

現役世代へのメッセージ

日本の高齢化問題はもう手遅れ

２０２５年。それは認知症１０００万人時代。団塊世代８００万人が75歳を超え、後期高齢者となります。65歳以上の３人にひとり、国民の10人にひとりが認知症の社会。街に出れば、当然のように認知症の人たちが闊歩している時代です。認知症の特効薬でも開発されない限り、これが現実のものとなります。団塊ジュニアは就職氷河期に直撃され、非正規雇用比率は20％を超え、その彼らが介護する側になるのです。

日本の人口は、２０１０年を境に減り続けています。２０５０年には一億人を切ると予測されています。その頃には、現役世代と65歳以上の高齢者の人口比率は「1対1」となることが確定しています。財政破綻を回避し、かつ社会保障を現状通り維持しようと思ったら、現役世代から収入の９割を徴収しなければならないそうです。あり得ませんよね。

永田町や霞が関は、とうにあきらめモードです。安倍総理のＫＹ発言（一億総活躍社会とか、介護離職ゼロとか）にもシラケきっています。政治家や官僚にとっては、結局他人事なのです。自分たちの収入はしっかりと確保されていますから、介護が必要になったらスキルフルな介護専門職を然るべきお駄賃で抱え込めばなんとかなるからです。それよりなにより、とっくの昔に気づいているのです。「もう手遅れだ」と……。

２０１５年のはじめに、厚労省が『新オレンジプラン（認知症施策推進総合戦略）』なるものを発表しました。もはや誰も記憶している人はいませんが。あのときも、結局は具体的なアクションプランはついぞ出てきませんでした。中央は方向性を示すのみ。あとは各地方自治体でやってちょうだいということです。

かつて、星新一さんという短編ＳＦの大家がいました。中学一年の時に文化祭の演劇で取り上げた『生活維持省』というショートショートが鮮烈によみがえってきます。政府の方針により、すべての国民に充分な土地が確保され、公害も犯罪も戦争さえもなくなった、健康で文化的な世界。そこでは、生活維持省に勤める職員が無作為に抽出した国民を、他の国民の生活を維持するという目的のために葬っていきます。星さんが描いた作品を思い出さずにはいられない状況が、『生活維持省』の発表から半世紀近くになって現実のものとなるとは……。すごい作家です。
人口制限のために、認知症の確定診断が出た人たちのなかから、コンピュータで完全に公平に選抜した者を殺処分する……なぁんてことくらいしか、現実的な解がないのが、いまの日本の超高齢化問題であり、認知症1千万人問題なのかもしれません。

本来は国家の方向性を描いてくれるはずの政治がこんな状況です。霞が関界隈では有名な話ですが、政府は、経済財政の中長期試算を２０２３年までしか発表していないのだそうです。これが何を意味するのかというと、２０２５年前後には、現行の社会保障制度が崩壊し、にもかかわらず打つ手を講ずることもできない状態。すなわち、日本の国家財政が破綻するかもしれないということです。

介護休業は死んでも取るな

安倍政権の『介護離職ゼロ構想』『女性活躍推進法』を受け、大企業の多くが、社員の老親問題対策として「介護休業の取得奨励」「在宅勤務や変則シフトの推進」に取り組んでいます。

頭ごなしに否定するつもりもありませんが、はっきり言って的外れです。そのお話をしたいと思います。

ＮＰＯ法人「二十四の瞳」に寄せられる相談案件の8割超は、老親問題を抱える現役世代からのものです。今回、過去3年間の相談者のうち、現役のビジネスパーソンを対象に、企業の施策の有効性について電話による聞き取り調査を行いました（協力依頼件数60件、有効回答57件）。

その結果、先行企業群の多くが介護離職対策として講じている二大施策、「介護休業の取得奨励」および「在宅勤務をはじめとする変則勤務の取得奨励」に対する社員側の満足度は決して高くはないことがわかりました。具体的に言えば、「老親の介護は子である社員自らが対処するものという前提のまちがい」を示唆しています。

実際に老親の介護に直接携わった経験があるがゆえの興味深い回答で、介護休業や変則勤務が有効でない理由として、「そもそも介護というのは、在宅で仕事をこなしながら対処できるようなものではない」「介護休業を取得しても老親の介護は93日で終わらない可能性が高く、仮に復帰できたとしても、その後の職場での立場が弱くなる」とのコメントが多数寄せられました。

現役世代にとって、老親の介護問題は、仕事人生の浮沈を握っています。たとえば、あなたが93日間の介護休業を取得したとします。大企業であれば、あなたの代わりの有能な社員は必ずいるものです。仮にあなたが老親問題を解決して職場に復帰したとしても、以前のポジションにはもう別の人材が居るわけです。したがって、当然、他の仕事を振られることになります。

しかし、もっと現実的な問題として、わずか3ヵ月で解決するようなケースはあまりありません。93日間で、問題行動を伴う認知症を発症した老親を説得し、もの忘れ外来を受診させ、医師の確定診断を取得し、要介護認定の申請手続きと判定調査に立ち会って、入院させたり、終のすみかを探して入居させたり、果たして本当に可能だと思いますか？

ですから、あなたは、いったん、介護休業を利用しても、いろいろなことが遅々として進まぬままに復帰して、また、上司や人事部の顔色をうかがいながら、再度、介護休業を申請する羽目になるのです。その段階で、おそらく、会社からは「あの人はもう無理だな」という烙印を押される。それが現実だと思います。

在宅勤務？　そんなことが実際にできるとお思いでしょうか？　ちょっとでも介護経験のある方なら、要介護状態にある人と同じ空間に仕事を持ち込んでしっかりとこなすなどというイメージが湧いてくるはずがありません。おそらく、現役世代のあなたのほうがおかしくなるでしょう。

変則勤務？　午前中だけ会社を休んで、自治体に出向いて手続きをこなしたり、ケアマネジャーの面談に同席したり、通院に付き添ったり……。腹を抱えて笑い転げたくなるほど、そんなことはあり得ません。介護には切れ目がないのです。まして、老親が認知症だったとしたら、排泄介助が必須だったとしたら、もうあなたがなんとかしようという発想自体が危険すぎるのです。共倒れになります。夫婦関係や親子関係が崩れていきます。あなたを産み育ててくれた親のことを憎悪するように変わってしまうのです。3日も保たずに、「実の親を殺めたいと思ってしまった」と、大の男が、会社では肩で風を切って歩いてきたビジネスエリートが嗚咽するのです。

私に言わせれば、いくらでも「代え」のいる大企業においては、「介護休業＝サバイバルレース脱落」です。相談者の声を聴く限り、介護休業申請時の上司の対応、同僚たちの憐れむような視線と、そこに流れる微妙な空気。それをおして休業しても、結局は、携帯がある以上、完全に仕事から離れることは不可能。そして、いったんは職場に戻っても、遅かれ早かれ、再び介護休業を申し出なければならないのが介護問題の実際です。

ご縁あって本書を手にしてくれたみなさんには、どうしてもそんな目に遭ってほしくないと心から思います。だから、はっきりと申し上げておきます。

人生１００年時代のサバイバルゲーム

現役世代の介護離職対策として講ずるべきは、仕事や職場から離してあげることではなく、仕事や職場を離れなくても済むような相談体制の構築だと思います。そしてそれは、介護や老い支度全般に係る相談の専門家集団にアウトソーシングすれば、比較的容易に実現できることだと思います。

在籍する企業がそうした団体と法人契約を結んでいて、もしも何かがあった場合でも、社員やその家族がいつでも気軽にコンタクトできる相談窓口を確保してくれていたとしたら、仕事のパフォーマンスが落ちないだけでなく、企業に対する社員ロイヤルティだって向上するはずです。

どうしても大企業ともなると、ＣＳＲ（企業の社会的責任）推進を前面に出して企業ブランドを高めることばかり考えてしまいます。そのくせ、部署の管理職レベルでは、介護休業を申し出る社員に冷ややかな対応をするのです。上司の顔色を気にして言い出せずにいる間に、介護地獄がひたひたと忍び寄ってくるのです。
こうした課題をクリアするには、社員みずからを介護にあたらせようという発想自体がナンセンスだと、いいかげん気づくべきです。

ご家庭内に介護の問題を抱えながら必死に持ちこたえているみなさん。どうか安直に介護休業制度を利用しないでください。介護休業制度を利用した人たちの多くが後悔をしています。善かれと思って決断したのに、親子関係や家族関係が悪化していきます。肝心の施設探しや諸々の手続きは厄介を極めます。

ご家族への愛情が強ければ強いほど、なんとか自分でやれることをやりたいというお気持ちは理解できます。しかし、それでもあえて申し上げます。無謀なことはせず、ここは専門家にお任せなさいと。認知症だったり要介護状態だったり、そんな家族の介護まわりのことを、企業戦士であるみなさんがどうこうしようということがそもそも無理なのです。ここはその道のプロに託すことです。

エンディングの浮沈を握る最強の相談相手とは

それでは、もしもお勤めの会社がそういった専門家集団とのチャネルを持っていなかったとしたらどうするのか。

その場合には、タウンページで地域の社会福祉士事務所を探してください。あるいは、地域の社会福祉協議会に出向いて、社会福祉士に相談してください。高齢者援助の専門技術を駆使しながら相談に対応する国家資格。それが社会福祉士です。うまく活用してください。

きっと、あなたに代わって、『介護地獄から脱出するための最強シナリオ』を実行してくれるはずです。最悪でも、実際的な助言なり必要情報なりを提供してくれるはずです。

１００歳まで生きなければならない時代です。老後の生活全般（日常的な問題、緊急時の問題、老い支度の問題）について相談を受けてくれる窓口がどうしても必要となってくるはずです。

それは、医師や弁護士ではなく、もちろん、ケアマネジャーや地域包括支援センターでもありません。私どもの宣伝だと思われてしまうと困るのですが、これからは「社会福祉士」にフォーカスが当たってくるはずです。

というか、エンディングまでを視野に入れた実に幅広い問題に総合的に対処しうる専門資格といったら、もう社会福祉士しかないのです。後のち医師や弁護士が必要になったら、社会福祉士に紹介してもらえばいいだけの話です。

高齢者援助の専門技術を備えた唯一無二の国家資格・社会福祉士について、是非とも頭の片隅に入れておいてください。どうにもこうにも困り果てたときに、必ずや、お役に立てる存在だと思っています。社会福祉士は、老い支度に必要な社会資源を確保するための強力なパートナーになれる存在だと、私は自負しています。

そうそう。地元で然るべき社会福祉士が見つからなかった場合、もちろんその時は、NPO法人「二十四の瞳」にお電話いただくこともやぶさかではありません。

さいごに　～老健に行列ができる日～

ここまで読んでいただいて、本当にありがとうございました。

今回の本では、ズバリ、四の五の言わずに「老健に入れなさい！」という提案をさせてもらいました。これが、現時点で最良の選択だと信じています。私どもの相談者にも、優先順位トップで老健を推奨しています。

世の中のみんなは、こぞって「特養、特養」と叫んでいます。でも、いくら待ったって入れませんよ。少なくとも厚生年金をもらっている階層の人たちはね。ハイ、これで特養は選択肢から消えました。

病院？　病院については、患者不在の延命治療をされてしまう可能性があるため、懐疑的な見方をする人が確実に増えてきています。

老ホ？　サ高住？　大手介護チェーンの物件は、私は正直、怖いと思います。「介護離職ゼロ構想」を受けて、業界全体がこぞって拠点拡充に動いていますが、こうした「まず箱モノありき」の発想は危険です。私たちのこれからをサポートしてくれるかもしれない有能で志の高い人材は、特養や大手老ホ・サ高住には定着できないでしょう。それほどまでに、儲け至上主義が前面に出すぎているのです。

大手損保が介護業界再編の主役に躍り出てきましたね。しかし、これはますますもってリスキーと言わざるを得ません。

結局のところ、彼らは保険金を払わないことで儲けてきた企業群です。いろいろな事情があってネガティブな状況に陥ってしまった人たちに対して、何とかお金を工面してあげようとするのではなく、何とかお金を払わずに済ませようとするのが保険ビジネスです。

となると、現時点での選択肢としては、老健はもっとも手堅いといえるでしょう。本書全体を通じて書いてきたように、老健の真価は、他のどんな施設よりも高い看取りのコストパフォーマンスにあります。安いだけじゃありません。世間一般の人たちが渇望する特養なんかよりも、ずっとずっと価値の高いものなのです。

全国の老健はざっと4千件。総定員は36万人です。

この本を読んでくださったあなただけには、ぜひとも親御さんや配偶者のために老健を確保してほしい。そう願っています。

52万人超ともいわれる特養待機者の人たちのように、何ヵ所もの特養に申し込んで、ただひたすら、空きができるのを待って、祈るような思いで待って待って待ちわびて、すがってすがってすがりながら、折れそうになるこころを必死に鼓舞しながら、毎日の介護にボロ雑巾のように疲弊して、こころの襞は赤く腫れただれ、思考回路はまっ黒焦げ。

そうやって心身を病んでいくような地獄への道を、読者のみなさんにだけは味わってほしくありません。

まだまだ、世の中の多くの人たちは、老健で最後の最期まで過ごすことができるという真実を知りません。介護職の中にさえ、知らない人がたくさんいます。だからチャンスなのです。いまこそが、介護地獄から脱出するための一歩を踏み出す時なのです。

だって、本書が売れてしまったら、いまの特養のように、老健にも行列ができてしまうこと必至ですから。


ご両親や配偶者にちょっとでも「あれっ？　おかしいな」と感じるようなことがあれば、迷うことなく老健確保に向けて行動してください。

とにかく、初動を早くすること。これ、とっても大切なことです。はじめの一歩をためらったために、なし崩し的にいろいろな問題が発生してくるものです。仕事を抱えていたり、育児に忙しかったりすると、どうしても目の前の問題から、目を背けてしまうことがよくあります。

ご自身で動けないときには、遠慮なく地域の社会福祉士を頼ってください。見つからなければ、私どもＮＰＯ法人「二十四の瞳」に、お気軽にご一報ください。高齢者援助の専門技術を身内のような愛に包んで、あなたの老親問題解決に向けてキッチリとお手伝いさせていただきます。

老親問題解決の秘鑰《ひやく》（秘密を解く鍵）は老健にあり。
進めよ、介護地獄から脱出するための7つのステップを。
そして老健の扉をこじあけよ！

2016年　盛夏

社会福祉士（NPO法人「二十四の瞳」理事長）　山崎　宏

◆NPO法人「二十四の瞳」
（正式名称：特定非営利法人　市民のための医療と福祉の情報公開を推進する会）
〒231-0062
神奈川県横浜市中区桜木町1-1-7　TOCみなとみらい10F
TEL：045-228-5327

【参考文献】

・『介護老人保健施設の管理医師の有効活用による医療と介護の連携の促進に関する調査研究事業報告書』（公益社団法人全国老人保健施設協会、平成26年3月）
・『平成27年度介護報酬改定に向けて』（厚生労働省社会保障審議会介護給付費分科会、平成26年8月）
・『平成26年度 介護老人保健施設の経営状況について』（独立行政法人福祉医療機構、平成27年12月）
・『介護老人保健施設における看取りのガイドライン』（公益社団法人全国老人保健施設協会、平成24年3月）
・『特別養護老人ホームの内部留保について』（厚生労働省社会保障審議会介護給付費分科会介護事業経営調査委員会、平成25年5月）
・『厚生労働省（老健局）の取組について』（厚生労働省老健局高齢者支援課、平成27年3月）
・『介護老人保健施設の経営実態について』（厚生労働省社会保障審議会報告書、公益社団法人全国老人保健施設協会、平成26年10月）

山崎 宏（やまざき・ひろし）
社会福祉士、医業経営コンサルタント。
NPO 法人「二十四の瞳」理事長。
1961 年東京都生まれ。慶應義塾大学経済学部卒業。日本 IBM にて営業職を務めたのち、介護保険スタートの 2000 年に医療・福祉の世界へ転身。コンサルティングファーム、医療メディア、複数の病医院に勤務。2006 年に NPO 法人「二十四の瞳」を立ち上げ、2011 年より独立。高齢者向けの相談サービス「コマホ」（累計相談件数 5000 件超）等を通じ、老い支度全般の支援を行う。産経新聞社の終活 Web「ソナエ」にて高齢者ホームに関わるコラムを連載中。2014 年からはアクティブシニア向け“真の終のすみか”のプロデュースを開始。著書に『高齢者ホームの探し方』（小社刊）、『誰も教えてくれない“老老地獄”を回避する方法』（ごま書房新社刊）がある。

イラスト 『水彩・色鉛筆・クレヨン ふんわりやわらか手描き素材集』（インプレス刊）より

「老健」が、親の認知症からあなたを救う！
特養、サ高住、老人ホームはやめなさい

2016 年 9 月 10 日 第 1 版第 1 刷発行

著　者　　山崎 宏
発行者　　玉越直人
発行所　　WAVE 出版
〒 102-0074　東京都千代田区九段南 4-7-15
TEL 03-3261-3713　　FAX 03-3261-3823
振替 00100-7-366376
E-mail: info@wave-publishers.co.jp
http://www.wave-publishers.co.jp

印刷・製本　中央精版印刷

ISBN 978-4-86621-019-3
NDC 369 174p 19cm

WAVE出版の好評既刊

10分でわかる
得する年金のもらい方

社会保険労務士 年金評論家
田中章二 著

今まで誰も教えてくれなかった「年金の賢く有利なもらい方」や「損しないもらい方」を初公開。「老後がハッピーになる」魔法のような本です。

定価（本体1100円+税）
ISBN 978-4-87290-742-1